▶ 动画视频 + 全彩图解

新交规与机动车违法记分细则

王淑君 编著

化学工业出版社
·北京·

内容简介

《动画视频+全彩图解 新交规与机动车违法记分细则》分为上、下两篇，以全彩图解的形式，对新交规的相关条文进行了全面解读。

上篇内容涵盖车辆、驾驶人以及交通事故的基本法律概念和规定，机动车登记、检验、保险和强制报废相关规定，机动车驾驶证申领、换证、补证规定，交通信号和交通标志、标线以及交通警察指挥相关规定，机动车、非机动车和行人的通行规定，交通事故处理和损害赔偿规定，执法监督及相关法律责任等。

下篇重点对新交规违法行为扣分标准与相关项目进行解读，涵盖一次分别记12分、9分、6分、3分和1分的各项道路交通违法行为，涉及具体驾驶操作的内容配备效果逼真的3D MP4动画演示视频讲解，扫描书内相关章节的二维码即可观看。

本书适合汽车驾驶人日常学习交通法规使用，也可供汽车驾驶相关培训机构组织日常教学以及正在进行科目一驾驶考试的驾校学员自学使用，对汽车驾驶和交通安全感兴趣的读者也可参阅。

图书在版编目（CIP）数据

动画视频+全彩图解新交规与机动车违法记分细则/王淑君编著. —北京：化学工业出版社，2022.10
ISBN 978-7-122-41804-3

Ⅰ.①动⋯ Ⅱ.①王⋯ Ⅲ.①道路交通安全法-中国-图解 Ⅳ.①D922.14-64

中国版本图书馆CIP数据核字（2022）第115188号

责任编辑：黄 滢　　　　　　　　　　　　装帧设计：王晓宇
责任校对：赵懿桐

出版发行：化学工业出版社（北京市东城区青年湖南街13号　邮政编码100011）
印　　装：北京宝隆世纪印刷有限公司
710mm×1000mm　1/16　印张10　字数132千字
2023年1月北京第1版第1次印刷

购书咨询：010-64518888　　　　　　　　售后服务：010-64518899
网　　址：http://www.cip.com.cn
凡购买本书，如有缺损质量问题，本社销售中心负责调换。

定　　价：69.80元

前 言

PREFACE

随着国内汽车驾驶人数量的日益增多，道路交通事故也越来越多，交通安全问题已经成为人们普遍关心的社会问题。鉴于此，为帮助广大汽车驾驶人尽快熟悉和掌握道路交通安全法律法规，尤其是新交规的相关内容，避免和减少交通事故，在化学工业出版社的组织下，特编写了本书。

本书根据2021年4月29日修订、目前为止最新的《中华人民共和国道路交通安全法》和2022年4月1日起实施的《机动车驾驶证申领和使用规定》（公安部令第162号）、《道路交通安全违法行为记分管理办法》（公安部令第163号）以及2022年5月1日起实施的《机动车登记规定》（公安部令第164号）编写而成，内容新颖实用。

全书分为上、下两篇，以彩色图解的形式，对新交规的相关条文进行了全面解读。

上篇内容涵盖车辆、驾驶人以及交通事故的基本法律概念和规定，机动车登记、检验、保险和强制报废相关规定，机动车驾驶证申领、换证、补证规定，交通信号和交通标志、标线以及交通警察指挥相关规定，机动车、非机动车和行人的通行规定，交通事故处理和损害赔偿规定，执法监督及相关法律责任等。

下篇重点对新交规违法行为扣分标准与相关项目进行解读，涵盖一次分别记12分、9分、6分、3分和1分的各项道路交通违法行为，涉及具体驾驶操作的内容配备效果逼真的3D MP4动画演示视频讲解，扫描书内相关章节的二维码即可观看（全书67个）。将图文内容和动画视频对照学习，直观易懂，便于快速理解和掌握。

本书适合汽车驾驶人学习交通法规使用，也可供汽车驾驶相关培训机构组织日常教学以及正在进行科目一驾驶考试的驾校学员自学使用，对汽车驾驶和交通安全感兴趣的读者也可参阅。

由于笔者水平有限，书中难免有疏漏和不足之处，敬请广大读者批评指正。

编著者

目录

上篇

道路交通安全法规与
机动车驾驶相关规定

第一章

最新道路交通安全法规及实施条例 002

下篇
道路交通违法行为扣分与
罚款相关项目解读

《动画视频＋全彩图解　新交规与机动车违法记分细则》

配套动画演示视频

序号	动画视频内容（扫描书内二维码观看）	页码
1	一次记12分的道路交通安全违法行为（一）	100
2	一次记12分的道路交通安全违法行为（二）	100
3	一次记12分的道路交通安全违法行为（三）	101
4	一次记9分的道路交通安全违法行为（一）	103
5	一次记9分的道路交通安全违法行为（二）	103
6	一次记9分的道路交通安全违法行为（三）	104
7	一次记6分的道路交通安全违法行为（一）	105
8	一次记6分的道路交通安全违法行为（二）	106
9	一次记6分的道路交通安全违法行为（三）	107
10	一次记6分的道路交通安全违法行为（四）	108
11	一次记6分的道路交通安全违法行为（五-a）	109
12	一次记6分的道路交通安全违法行为（五-b）	110
13	一次记6分的道路交通安全违法行为（五-c）	110
14	一次记6分的道路交通安全违法行为（五-d）	111
15	一次记6分的道路交通安全违法行为（五-e）	111
16	一次记6分的道路交通安全违法行为（六）	112
17	一次记3分的道路交通安全违法行为（一）	113

序号	动画视频内容（扫描书内二维码观看）	页码
18	一次记3分的道路交通安全违法行为（二）	114
19	一次记3分的道路交通安全违法行为（三）	115
20	一次记3分的道路交通安全违法行为（四）	116
21	一次记3分的道路交通安全违法行为（五）	116
22	一次记3分的道路交通安全违法行为（六-a）	117
23	一次记3分的道路交通安全违法行为（六-b）	117
24	一次记3分的道路交通安全违法行为（六-c）	118
25	一次记3分的道路交通安全违法行为（七）	119
26	一次记3分的道路交通安全违法行为（八）	120
27	一次记3分的道路交通安全违法行为（九）	121
28	一次记3分的道路交通安全违法行为（十）	121
29	一次记1分的道路交通安全违法行为（一）	122
30	一次记1分的道路交通安全违法行为（二-a）	123
31	一次记1分的道路交通安全违法行为（二-b）	124
32	一次记1分的道路交通安全违法行为（二-c）	124
33	一次记1分的道路交通安全违法行为（二-d）	125
34	一次记1分的道路交通安全违法行为（三-a）	125
35	一次记1分的道路交通安全违法行为（三-b）	126
36	一次记1分的道路交通安全违法行为（三-c）	126

序号	动画视频内容（扫描书内二维码观看）	页码
37	一次记1分的道路交通安全违法行为（三-d）	127
38	一次记1分的道路交通安全违法行为（三-e）	127
39	一次记1分的道路交通安全违法行为（三-f）	128
40	一次记1分的道路交通安全违法行为（三-g）	128
41	一次记1分的道路交通安全违法行为（三-h）	129
42	一次记1分的道路交通安全违法行为（四-a）	129
43	一次记1分的道路交通安全违法行为（四-b）	130
44	一次记1分的道路交通安全违法行为（四-c）	130
45	一次记1分的道路交通安全违法行为（四-d）	131
46	一次记1分的道路交通安全违法行为（四-e）	131
47	一次记1分的道路交通安全违法行为（五-a）	132
48	一次记1分的道路交通安全违法行为（五-b）	133
49	一次记1分的道路交通安全违法行为（五-c）	133
50	一次记1分的道路交通安全违法行为（五-d）	134
51	一次记1分的道路交通安全违法行为（五-e）	134
52	一次记1分的道路交通安全违法行为（五-f）	135
53	一次记1分的道路交通安全违法行为（五-g）	135
54	一次记1分的道路交通安全违法行为（五-h）	136
55	一次记1分的道路交通安全违法行为（五-i）	136

序号	动画视频内容（扫描书内二维码观看）	页码
56	一次记1分的道路交通安全违法行为（五-j）	137
57	一次记1分的道路交通安全违法行为（五-k）	137
58	一次记1分的道路交通安全违法行为（五-l）	138
59	一次记1分的道路交通安全违法行为（五-m）	138
60	一次记1分的道路交通安全违法行为（五-n）	139
61	一次记1分的道路交通安全违法行为（五-o）	139
62	一次记1分的道路交通安全违法行为（五-p）	140
63	一次记1分的道路交通安全违法行为（五-q）	141
64	一次记1分的道路交通安全违法行为（五-r）	141
65	一次记1分的道路交通安全违法行为（五-s）	142
66	一次记1分的道路交通安全违法行为（六）	143
67	一次记1分的道路交通安全违法行为（七）	144

上篇
道路交通安全法规与机动车驾驶相关规定

第一章
最新道路交通安全
法规及实施条例

第一节 | 车辆和驾驶人

1.机动车和非机动车

（1）国家对机动车实行登记制度。机动车经公安机关交通管理部门登记后，方可上道路行驶。尚未登记的机动车，需要临时上道路行驶的，应当取得临时通行牌证。

（2）申请机动车登记，应当提交以下证明、凭证：

❶ 机动车所有人的身份证明；

❷ 机动车来历证明；

❸ 机动车整车出厂合格证明或者进口机动车进口凭证；

❹ 车辆购置税的完税证明或者免税凭证；

❺ 法律、行政法规规定应当在机动车登记时提交的其他证明、凭证。

公安机关交通管理部门应当自受理申请之日起五个工作日内完成机动车登记审查工作，对符合前款规定条件的，应当发放机动车登记证书、号牌和行驶证；对不符合前款规定条件的，应当向申请人说明不予登记的理由。

公安机关交通管理部门以外的任何单位或者个人不得发放机动车号牌或者要求机动车悬挂其他号牌，本法另有规定的除外。

机动车登记证书、号牌、行驶证的式样由国务院公安部门规定并监制。

（3）准予登记的机动车应当符合机动车国家安全技术标准。申请机动车登记时，应当接受对该机动车进行的安全技术检验。但是，经国家机动车产品主管部门依据机动车国家安全技术标准认定的企业生产的机动车型，该车型的新车在出厂时经检验符合机动车国家安全技术标准，获得检验合格证的，免于安全技术检验。

（4）驾驶机动车上道路行驶，应当悬挂机动车号牌，放置检验合格标志和保险标志，并随车携带机动车行驶证。

机动车号牌应当按照规定悬挂并保持清晰、完整，不得故意遮挡、污损。

任何单位和个人不得收缴、扣留机动车号牌。

（5）有下列情形之一的，应当办理相应的登记：

❶ 机动车所有权发生转移的；

❷ 机动车登记内容变更的；

❸ 机动车用作抵押的；

❹ 机动车报废的。

（6）对登记后上道路行驶的机动车，应当依照法律和行政法规的规定，根据车辆用途、载客载货数量、使用年限等不同情况，定期进行安全技术检验。对提供机动车行驶证和机动车第三者责任强制保险单的，机动车安全技术检验机构应当予以检验，任何单位不得附加其他条件。对符合机动车国家安全技术标准的，公安机关交通管理部门应当发给检验合格标志。

对机动车的安全技术检验实行社会化。具体办法由国务院规定。

机动车安全技术检验实行社会化的地方，任何单位不得要求机动车到指定的场所进行检验。

公安机关交通管理部门、机动车安全技术检验机构不得要求机动车到指定的场所进行维修、保养。

机动车安全技术检验机构对机动车检验收取费用，应当严格执行国务院价格主管部门核定的收费标准。

（7）国家实行机动车强制报废制度，根据机动车的安全技术状况和不同用途，规定不同的报废标准。

应当报废的机动车必须及时办理注销登记。

达到报废标准的机动车不得上道路行驶。报废的大型客、货车及其他营运车辆应当在公安机关交通管理部门的监督下解体。

（8）警车、消防车、救护车、工程救险车应当按照规定喷涂标志图案，安装警报器和标志灯具。其他机动车不得喷涂、安装、使用上述车辆专用的或者与其相类似的标志图案、警报器或者标志灯具。

警车、消防车、救护车、工程救险车应当严格按照规定的用途和条件使用。

公路监督检查专用车辆，应当依照公路法的规定，设置统一的标志和示警灯。

（9）任何单位或者个人不得有下列行为：

❶ 拼装机动车或者擅自改变机动车已登记的结构、构造或者特征；

❷ 改变机动车型号、发动机号、车架号或者车辆识别代号；

❸ 伪造、变造或者使用伪造、变造的机动车登记证书、号牌、行驶证、检验合格标志、保险标志；

❹ 使用其他机动车的登记证书、号牌、行驶证、检验合格标志、保险标志。

（10）国家实行机动车第三者责任强制保险制度，设立道路交通事故社会救助基金。具体办法由国务院规定。

（11）依法应当登记的非机动车，经公安机关交通管理部门登记后，方可上道路行驶。依法应当登记的非机动车的种类，由省、自治区、直辖市人民政府根据当地实际情况规定。

非机动车的外形尺寸、质量、制动器、车铃和夜间反光装置，应当符合非机动车安全技术标准。

2.机动车驾驶人

（1）驾驶机动车，应当依法取得机动车驾驶证。

申请机动车驾驶证，应当符合国务院公安部门规定的驾驶许可条件；经考试合格后，由公安机关交通管理部门发给相应类别的机动车驾驶证。

持有境外机动车驾驶证的人，符合国务院公安部门规定的驾驶许可条件，经公安机关交通管理部门考核合格的，可以发给中国的机动车驾驶证。

驾驶人应当按照驾驶证载明的准驾车型驾驶机动车；驾驶机动车时，应当随身携带机动车驾驶证。

公安机关交通管理部门以外的任何单位或者个人，不得收缴、扣留机动车驾驶证。

（2）机动车的驾驶培训实行社会化，由交通运输主管部门对驾驶培训学校、驾驶培训班实行备案管理，并对驾驶培训活动加强监督，其中专门的拖拉机驾驶培训学校、驾驶培训班由农业（农业机械）主管部门实行监督管理。

驾驶培训学校、驾驶培训班应当严格按照国家有关规定，对学员进行道路交通安全法律、法规、驾驶技能的培训，确保培训质量。

任何国家机关以及驾驶培训和考试主管部门不得举办或者参与举办驾驶培训学校、驾驶培训班。

（3）驾驶人驾驶机动车上道路行驶前，应当对机动车的安全技术性能进行认真检查；不得驾驶安全设施不全或者机件不符合技术标准等具有安全隐患的机动车。

（4）机动车驾驶人应当遵守道路交通安全法律、法规的规定，按照操作规范安全驾驶、文明驾驶。

饮酒、服用国家管制的精神药品或者麻醉药品，或者患有妨碍安全驾驶机动车的疾病，或者过度疲劳影响安全驾驶的，不得驾驶机动车。

任何人不得强迫、指使、纵容驾驶人违反道路交通安全法律、法规和机动车安全驾驶要求驾驶机动车。

（5）公安机关交通管理部门依照法律、行政法规的规定，定期对机动车驾驶证实施审验。

（6）公安机关交通管理部门对机动车驾驶人违反道路交通安全法律、法规的行为，除依法给予行政处罚外，还实行累积记分制度。公安机关交通管理部门对累积记分达到规定分值的机动车驾驶人，扣留机动车驾驶证，对其进行道路交通安全法律、法规教育，重新考试；考试合格的，发还其机动车驾驶证。

对遵守道路交通安全法律、法规，在<u>一年内无累积记分</u>的机动车驾驶人，可以延长机动车驾驶证的审验期。具体办法由国务院公安部门规定。

第二节　道路通行条件

（1）全国实行统一的道路交通信号。

交通信号包括交通信号灯、交通标志、交通标线和交通警察的指挥（图1-1）。

交通信号灯、交通标志、交通标线的设置应当符合道路交通安全、畅通的要求和国家标准，并保持清晰、醒目、准确、完好。

根据通行需要，应当及时增设、调换、更新道路交通信号。增设、调换、更新限制性的道路交通信号，应当提前向社会公告，广泛进行宣传。

图1-1　道路通行条件——交通警察的指挥

（2）交通信号灯由红灯、绿灯、黄灯组成。红灯表示禁止通行，绿灯表示准许通行，黄灯表示警示。

（3）铁路与道路平面交叉的道口，应当设置警示灯、警示标志或者安全防护设施。无人看守的铁路道口，应当在距道口一定距离处设置警示标志。

（4）任何单位和个人不得擅自设置、移动、占用、损毁交通信号灯、交通标志、交通标线。

道路两侧及隔离带上种植的树木或者其他植物，设置的广告牌、管线等，应当与交通设施保持必要的距离，不得遮挡路灯、交通信号灯、交通标志，不得妨碍安全视距，不得影响通行。

（5）道路、停车场和道路配套设施的规划、设计、建设，应当符合道路交通安全、畅通的要求，并根据交通需求及时调整。

公安机关交通管理部门发现已经投入使用的道路存在交通事故频发路段，或者停车场、道路配套设施存在交通安全严重隐患的，应当及时向当地人民政府报告，并提出防范交通事故、消除隐患的建议，当地人民政府应当及时做出处理决定。

（6）道路出现坍塌、坑槽、水毁、隆起等损毁或者交通信号灯、交通标志、交通标线等交通设施损毁、灭失的，道路、交通设施的养护部门或者管理部门应当设置警示标志并及时修复。

公安机关交通管理部门发现前款情形，危及交通安全，尚未设置警示标志的，应当及时采取安全措施，疏导交通，并通知道路、交通设施的养护部门或者管理部门。

（7）未经许可，任何单位和个人不得占用道路从事非交通活动。

（8）因工程建设需要占用、挖掘道路，或者跨越、穿越道路架设、增设管线设施，应当事先征得道路主管部门的同意；影响交通安全的，还应当征得公安机关交通管理部门的同意。

施工作业单位应当在经批准的路段和时间内施工作业，并在距离施工作业地点来车方向安全距离处设置明显的安全警示标志，采取防护措施；施工作业完毕，应当迅速清除道路上的障碍物，消除安全隐患，经道路主管部门和公安机关交通管理部门验收合格,符合通行要求后,方可恢复通行。

对未中断交通的施工作业道路,公安机关交通管理部门应当加强交通安全监督检查,维护道路交通秩序。

(9)新建、改建、扩建的公共建筑、商业街区、居住区、大(中)型建筑等,应当配建、增建停车场;停车泊位不足的,应当及时改建或者扩建;投入使用的停车场不得擅自停止使用或者改作他用。

在城市道路范围内,在不影响行人、车辆通行的情况下,政府有关部门可以施划停车泊位。

(10)学校、幼儿园、医院、养老院门前的道路没有行人过街设施的,应当施划人行横道线,设置提示标志。

城市主要道路的人行道,应当按照规划设置盲道。盲道的设置应当符合国家标准。

第三节 道路通行规定

1.一般规定

(1)机动车、非机动车实行右侧通行。

(2)根据道路条件和通行需要,道路划分为机动车道、非机动车道和人行道的,机动车、非机动车、行人实行分道通行。没有划分机动车道、非机动车道和人行道的,机动车在道路中间通行,非机动车和行人在道路两侧通行。

(3)道路划设专用车道的,在专用车道内,只准许规定的车辆通行,其他车辆不得进入专用车道内行驶。

(4)车辆、行人应当按照交通信号通行;遇有交通警察现场指挥时,应当按照交通警察的指挥通行;在没有交通信号的道路上,应当在确保安全、畅通的原则下通行（图1-2）。

图 1-2　道路通行规定——按照交通警察的指挥通行

（5）公安机关交通管理部门根据道路和交通流量的具体情况，可以对机动车、非机动车、行人采取疏导、限制通行、禁止通行等措施。遇有大型群众性活动、大范围施工等情况，需要采取限制交通的措施，或者做出与公众的道路交通活动直接有关的决定，应当提前向社会公告。

（6）遇有自然灾害、恶劣气象条件或者重大交通事故等严重影响交通安全的情形，采取其他措施难以保证交通安全时，公安机关交通管理部门可以实行交通管制。

（7）有关道路通行的其他具体规定，由国务院规定。

2.机动车通行规定

（1）机动车上道路行驶，不得超过限速标志标明的最高时速。在没有限速标志的路段，应当保持安全车速。

夜间行驶或者在容易发生危险的路段行驶，以及遇有沙尘、冰雹、雨、雪、雾、结冰等气象条件时，应当降低行驶速度。

（2）同车道行驶的机动车，后车应当与前车保持足以采取紧急制动措施的安全距离。有下列情形之一的，不得超车：

❶ 前车正在左转弯、掉头、超车的；

❷ 与对面来车有会车可能的；

❸ 前车为执行紧急任务的警车、消防车、救护车、工程救险车的；

❹ 行经铁路道口、交叉路口、窄桥、弯道、陡坡、隧道、人行横道、市区交通流量大的路段等没有超车条件的。

（3）机动车通过交叉路口时，应当按照交通信号灯、交通标志、交通标线或者交通警察的指挥通过；通过没有交通信号灯、交通标志、交通标线或者交通警察指挥的交叉路口时，应当减速慢行，并让行人和优先通行的车辆先行。

（4）机动车遇有前方车辆停车排队等候或者缓慢行驶时，不得借道超车或者占用对面车道，不得穿插等候的车辆。

在车道减少的路段、路口，或者在没有交通信号灯、交通标志、交通标线或者交通警察指挥的交叉路口遇到停车排队等候或者缓慢行驶时，机动车应当依次交替通行。

（5）机动车通过铁路道口时，应当按照交通信号或者管理人员的指挥通行；没有交通信号或者管理人员的，应当减速或者停车，在确认安全后通过。

（6）机动车行经人行横道时，应当减速行驶；遇行人正在通过人行横道，应当停车让行（图1-3）。

图1-3　机动车通行规定——机动车行经人行横道

机动车行经没有交通信号的道路时，遇行人横过道路，应当避让（图1-4）。

遇行人横过道路，应当避让

图 1-4　机动车通行规定——机动车行经没有交通信号的道路

（7）机动车载物应当符合核定的载质量，严禁超载；载物的长、宽、高不得违反装载要求，不得遗撒、飘散载运物。

机动车运载超限的不可解体的物品，影响交通安全的，应当按照公安机关交通管理部门指定的时间、路线、速度行驶，悬挂明显标志。在公路上运载超限的不可解体的物品时，应当依照公路法的规定执行。

机动车载运爆炸物品、易燃易爆化学物品以及剧毒、放射性等危险物品，应当经公安机关批准后，按指定的时间、路线、速度行驶，悬挂警示标志并采取必要的安全措施。

（8）机动车载人不得超过核定的人数，客运机动车不得违反规定载货。

（9）禁止货运机动车载客。

货运机动车需要附载作业人员的，应当设置保护作业人员的安全措施。

（10）机动车行驶时，驾驶人、乘坐人员应当按规定使用安全带，摩托车驾驶人及乘坐人员应当按规定戴安全头盔。

（11）机动车在道路上发生故障，需要停车排除故障时，驾驶人应当立即开启危险报警闪光灯，将机动车移至不妨碍交通的地方停放；难以移动的，应当持续开启危险报警闪光灯，并在来车方向设置警告标志等措施扩大示警距离，必要时迅速报警。

（12）警车、消防车、救护车、工程救险车执行紧急任务时，可以使用警报器、标志灯具；在确保安全的前提下，不受行驶路线、行驶方向、行驶速度和信号灯的限制，其他车辆和行人应当让行。

警车、消防车、救护车、工程救险车非执行紧急任务时，不得使用警报器、标志灯具，不享有前款规定的道路优先通行权。

（13）道路养护车辆、工程作业车进行作业时，在不影响过往车辆通行的前提下，其行驶路线和方向不受交通标志、标线限制，过往车辆和人员应当注意避让。

洒水车、清扫车等机动车应当按照安全作业标准作业；在不影响其他车辆通行的情况下，可以不受车辆分道行驶的限制，但是不得逆向行驶。

（14）高速公路、大中城市中心城区内的道路，禁止拖拉机通行。其他禁止拖拉机通行的道路，由省、自治区、直辖市人民政府根据当地实际情况规定。

在允许拖拉机通行的道路上，拖拉机可以从事货运，但是不得用于载人。

（15）机动车应当在规定地点停放。禁止在人行道上停放机动车；但是，依照本章第二节第（9）条规定施划的停车泊位除外。

在道路上临时停车的，不得妨碍其他车辆和行人通行。

3.非机动车通行规定

（1）驾驶非机动车在道路上行驶应当遵守有关交通安全的规定。非机动车应当在非机动车道内行驶；在没有非机动车道的道路上，应当靠车行道的右侧行驶。

（2）残疾人机动轮椅车、电动自行车在非机动车道内行驶时，最高时速不得超过十五公里。

（3）非机动车应当在规定地点停放。未设停放地点的，非机动车停放不得妨碍其他车辆和行人通行。

（4）驾驭畜力车，应当使用驯服的牲畜；驾驭畜力车横过道路时，驾驭人应当下车牵引牲畜；驾驭人离开车辆时，应当拴系牲畜。

4.行人和乘车人通行规定

（1）行人应当在人行道内行走（图1-5），没有人行道的靠路边行走。

行人应当在人行道内行走

图1-5　道路通行规定——行人通行

（2）行人通过路口或者横过道路，应当走人行横道或者过街设施；通过有交通信号灯的人行横道，应当按照交通信号灯指示通行；通过没有交通信号灯、人行横道的路口，或者在没有过街设施的路段横过道路，应当在确认安全后通过。

（3）行人不得跨越、倚坐道路隔离设施，不得扒车、强行拦车或者实施妨碍道路交通安全的其他行为。

（4）学龄前儿童以及不能辨认或者不能控制自己行为的精神疾病患者、智力障碍者在道路上通行，应当由其监护人、监护人委托的人或者对其负有管理、保护职责的人带领。

盲人在道路上通行，应当使用盲杖或者采取其他导盲手段，车辆应当避让盲人。

（5）行人通过铁路道口时，应当按照交通信号或者管理人员的指挥通行；没有交通信号和管理人员的，应当在确认无火车驶临后，迅速通过。

（6）乘车人不得携带易燃易爆等危险物品，不得向车外抛撒物品，不得有影响驾驶人安全驾驶的行为。

5.高速公路的特别规定

（1）行人、非机动车、拖拉机、轮式专用机械车、铰接式客车、全挂拖斗车以及其他设计最高时速低于七十公里的机动车，不得进入高速公路。高速公路限速标志标明的最高时速不得超过一百二十公里（图1-6）。

图 1-6　道路通行规定——高速公路限速标志

（2）机动车在高速公路上发生故障时，应当依照本章第三节"2.机动车通行规定"中第（11）条的有关规定处理；但是，警告标志应当设置在故障车来车方向一百五十米以外，车上人员应当迅速转移到右侧路肩上或者应急车道内，并且迅速报警。

机动车在高速公路上发生故障或者交通事故，无法正常行驶的，应当由救援车、清障车拖曳、牵引。

（3）任何单位、个人不得在高速公路上拦截检查行驶的车辆，公安机关的人民警察依法执行紧急公务除外。

第四节 │ 交通事故处理

（1）在道路上发生交通事故，车辆驾驶人应当立即停车，保护现场；造成人身伤亡的，车辆驾驶人应当立即抢救受伤人员，并迅速报告执勤的交通警察或者公安机关交通管理部门。因抢救受伤人员变动现场的，应当标明位置。乘车人、过往车辆驾驶人、过往行人应当予以协助。

在道路上发生交通事故，未造成人身伤亡，当事人对事实及成因无争议的，可以即行撤离现场，恢复交通，自行协商处理损害赔偿事宜；不即行撤离现场的，应当迅速报告执勤的交通警察或者公安机关交通管理部门。

在道路上发生交通事故，仅造成轻微财产损失，并且基本事实清楚的，当事人应当先撤离现场再进行协商处理。

（2）车辆发生交通事故后逃逸的，事故现场目击人员和其他知情人员应当向公安机关交通管理部门或者交通警察举报。举报属实的，公安机关交通管理部门应当给予奖励。

（3）公安机关交通管理部门接到交通事故报警后，应当立即派交通警察赶赴现场，先组织抢救受伤人员，并采取措施，尽快恢复交通。

交通警察应当对交通事故现场进行勘验、检查，收集证据；因收集证据的需要，可以扣留事故车辆，但是应当妥善保管，以备核查。

对当事人的生理、精神状况等专业性较强的检验，公安机关交通管理部门应当委托专门机构进行鉴定。鉴定结论应当由鉴定人签名。

（4）公安机关交通管理部门应当根据交通事故现场勘验、检查、调查情况和有关的检验、鉴定结论，及时制作交通事故认定书，作为处理交通事故的证据。交通事故认定书应当载明交通事故的基本事实、成因和当事人的责任，并送达当事人。

（5）对交通事故损害赔偿的争议，当事人可以请求公安机关交通管理部门调解，也可以直接向人民法院提起民事诉讼。

经公安机关交通管理部门调解，当事人未达成协议或者调解书生效后不履行的，当事人可以向人民法院提起民事诉讼。

（6）医疗机构对交通事故中的受伤人员应当及时抢救，不得因抢救费用未及时支付而拖延救治。肇事车辆参加机动车第三者责任强制保险的，由保险公司在责任限额范围内支付抢救费用；抢救费用超过责任限额的，未参加机动车第三者责任强制保险或者肇事后逃逸的，由道路交通事故社会救助基金先行垫付部分或者全部抢救费用，道路交通事故社会救助基金管理机构有权向交通事故责任人追偿。

（7）机动车发生交通事故造成人身伤亡、财产损失的，由保险公司在机动车第三者责任强制保险责任限额范围内予以赔偿；不足的部分，按照下列规定承担赔偿责任。

❶ 机动车之间发生交通事故的，由有过错的一方承担赔偿责任；双方都有过错的，按照各自过错的比例分担责任。

❷ 机动车与非机动车驾驶人、行人之间发生交通事故，非机动车驾驶人、行人没有过错的，由机动车一方承担赔偿责任；有证据证明非机动车驾驶人、行人有过错的，根据过错程度适当减轻机动车一方的赔偿责任；机动车一方没有过错的，承担不超过<u>百分之十</u>的赔偿责任。

交通事故的损失是由非机动车驾驶人、行人故意碰撞机动车造成的，机动车一方不承担赔偿责任。

（8）车辆在道路以外通行时发生的事故，公安机关交通管理部门接到报案的，参照本法有关规定办理。

第五节 | 执法监督

（1）公安机关交通管理部门应当加强对交通警察的管理，提高交通警察的素质和管理道路交通的水平。

公安机关交通管理部门应当对交通警察进行法制和交通安全管理业务培训、考核。交通警察经考核不合格的，不得上岗执行职务。

（2）公安机关交通管理部门及其交通警察实施道路交通安全管理，应当依据法定的职权和程序，简化办事手续，做到公正、严格、文明、高效。

（3）交通警察执行职务时，应当按照规定着装，佩戴人民警察标志，持有人民警察证件，保持警容严整，举止端庄，指挥规范。

（4）依照本法发放牌证等收取工本费，应当严格执行国务院价格主管部门核定的收费标准，并全部上缴国库。

（5）公安机关交通管理部门依法实施罚款的行政处罚，应当依照有关法律、行政法规的规定，实施罚款决定与罚款收缴分离；收缴的罚款以及依法没收的违法所得，应当全部上缴国库。

（6）交通警察调查处理道路交通安全违法行为和交通事故，有下列情形之一的，应当回避：

❶ 是本案的当事人或者当事人的近亲属；

❷ 本人或者其近亲属与本案有利害关系；

❸ 与本案当事人有其他关系，可能影响案件的公正处理。

（7）公安机关交通管理部门及其交通警察的行政执法活动，应当接受行政监察机关依法实施的监督。

公安机关督察部门应当对公安机关交通管理部门及其交通警察执行

法律、法规和遵守纪律的情况依法进行监督。

上级公安机关交通管理部门应当对下级公安机关交通管理部门的执法活动进行监督。

（8）公安机关交通管理部门及其交通警察执行职务，应当自觉接受社会和公民的监督。

任何单位和个人都有权对公安机关交通管理部门及其交通警察不严格执法以及违法违纪行为进行检举、控告。收到检举、控告的机关，应当依据职责及时查处。

（9）任何单位不得给公安机关交通管理部门下达或者变相下达罚款指标；公安机关交通管理部门不得以罚款数额作为考核交通警察的标准。

公安机关交通管理部门及其交通警察对超越法律、法规规定的指令，有权拒绝执行，并同时向上级机关报告。

第六节 法律责任

（1）公安机关交通管理部门及其交通警察对道路交通安全违法行为，应当及时纠正。

公安机关交通管理部门及其交通警察应当依据事实和本法的有关规定对道路交通安全违法行为予以处罚。对于情节轻微，未影响道路通行的，应指出违法行为，给予口头警告后放行。

（2）对道路交通安全违法行为的处罚种类包括：警告、罚款、暂扣或者吊销机动车驾驶证、拘留。

（3）行人、乘车人、非机动车驾驶人违反道路交通安全法律、法规关于道路通行规定的，处警告或者<u>五元以上五十元以下</u>罚款；非机动车驾驶人拒绝接受罚款处罚的，可以扣留其非机动车。

（4）机动车驾驶人违反道路交通安全法律、法规关于道路通行规定的，处警告或者<u>二十元以上二百元以下</u>罚款。本法另有规定的，依照规定处罚。

（5）饮酒后驾驶机动车的，处暂扣六个月机动车驾驶证，并处一千元以上二千元以下罚款。因饮酒后驾驶机动车被处罚，再次饮酒后驾驶机动车的，处十日以下拘留，并处一千元以上二千元以下罚款，吊销机动车驾驶证。

醉酒驾驶机动车的，由公安机关交通管理部门约束至酒醒，吊销机动车驾驶证，依法追究刑事责任；五年内不得重新取得机动车驾驶证。

饮酒后驾驶营运机动车的，处十五日拘留，并处五千元罚款，吊销机动车驾驶证，五年内不得重新取得机动车驾驶证。

醉酒驾驶营运机动车的，由公安机关交通管理部门约束至酒醒，吊销机动车驾驶证，依法追究刑事责任；十年内不得重新取得机动车驾驶证，重新取得机动车驾驶证后，不得驾驶营运机动车。

饮酒后或者醉酒驾驶机动车发生重大交通事故，构成犯罪的，依法追究刑事责任，并由公安机关交通管理部门吊销机动车驾驶证，终生不得重新取得机动车驾驶证。

（6）公路客运车辆载客超过额定乘员的，处二百元以上五百元以下罚款；超过额定乘员百分之二十或者违反规定载货的，处五百元以上二千元以下罚款。

货运机动车超过核定载质量的，处二百元以上五百元以下罚款；超过核定载质量百分之三十或者违反规定载客的，处五百元以上二千元以下罚款。

有以上行为的，由公安机关交通管理部门扣留机动车至违法状态消除。

运输单位的车辆有以上情形，经处罚不改的，对直接负责的主管人员处二千元以上五千元以下罚款。

（7）对违反道路交通安全法律、法规关于机动车停放、临时停车规定的，可以指出违法行为，并予以口头警告，令其立即驶离。

机动车驾驶人不在现场或者虽在现场但拒绝立即驶离，妨碍其他车辆、行人通行的，处<u>二十元以上二百元以下</u>罚款，并可以将该机动车拖移至不妨碍交通的地点或者公安机关交通管理部门指定的地点停放。公安机关交通管理部门拖车不得向当事人收取费用，并应当及时告知当事人停放地点。

因采取不正确的方法拖车造成机动车损坏的，应当依法承担赔偿责任。

（8）机动车安全技术检验机构实施机动车安全技术检验超过国务院价格主管部门核定的收费标准收取费用的，退还多收取的费用，并由价格主管部门依照《中华人民共和国价格法》的有关规定给予处罚。

机动车安全技术检验机构不按照机动车国家安全技术标准进行检验，出具虚假检验结果的，由公安机关交通管理部门处所收检验费用<u>五倍以上十倍以下</u>罚款，并依法撤销其检验资格；构成犯罪的，依法追究刑事责任。

（9）上道路行驶的机动车未悬挂机动车号牌，未放置检验合格标志、保险标志，或者未随车携带行驶证、驾驶证的，公安机关交通管理部门应当扣留机动车，通知当事人提供相应的牌证、标志或者补办相应手续，并可以依照第（4）条的规定予以处罚。当事人提供相应的牌证、标志或者补办相应手续的，应当及时退还机动车。

故意遮挡、污损或者不按规定安装机动车号牌的，依照第（4）条的规定予以处罚。

（10）伪造、变造或者使用伪造、变造的机动车登记证书、号牌、行驶证、驾驶证的，由公安机关交通管理部门予以收缴，扣留该机动车，处<u>十五日以下</u>拘留，并处<u>二千元以上五千元以下</u>罚款；构成犯罪的，依法追究刑事责任。

伪造、变造或者使用伪造、变造的检验合格标志、保险标志的，由公安机关交通管理部门予以收缴，扣留该机动车，处<u>十日以下</u>拘留，并处<u>一千元以上三千元以下</u>罚款；构成犯罪的，依法追究刑事责任。

使用其他车辆的机动车登记证书、号牌、行驶证、检验合格标志、保险标志的，由公安机关交通管理部门予以收缴，扣留该机动车，处二千元以上五千元以下罚款。

当事人提供相应的合法证明或者补办相应手续的，应当及时退还机动车。

（11）非法安装警报器、标志灯具的，由公安机关交通管理部门强制拆除，予以收缴，并处二百元以上二千元以下罚款。

（12）机动车所有人、管理人未按照国家规定投保机动车第三者责任强制保险的，由公安机关交通管理部门扣留车辆至依照规定投保后，并处依照规定投保最低责任限额应缴纳的保险费的二倍罚款。

依照前款缴纳的罚款全部纳入道路交通事故社会救助基金。具体办法由国务院规定。

（13）有下列行为之一的，由公安机关交通管理部门处二百元以上二千元以下罚款：

❶ 未取得机动车驾驶证、机动车驾驶证被吊销或者机动车驾驶证被暂扣期间驾驶机动车的；

❷ 将机动车交由未取得机动车驾驶证或者机动车驾驶证被吊销、暂扣的人驾驶的；

❸ 造成交通事故后逃逸，尚不构成犯罪的；

❹ 机动车行驶超过规定时速百分之五十的；

❺ 强迫机动车驾驶人违反道路交通安全法律、法规和机动车安全驾驶要求驾驶机动车，造成交通事故，尚不构成犯罪的；

❻ 违反交通管制的规定强行通行，不听劝阻的；

❼ 故意损毁、移动、涂改交通设施，造成危害后果，尚不构成犯罪的；

❽ 非法拦截、扣留机动车辆，不听劝阻，造成交通严重阻塞或者较大财产损失的。

行为人有本条第❷项、第❹项情形之一的，可以并处吊销机动车驾驶证；有第❶项、第❸项、第❺～❽项情形之一的，可以并处十五日以下拘留。

（14）驾驶拼装的机动车或者已达到报废标准的机动车上道路行驶的，公安机关交通管理部门应当予以收缴，强制报废。

对驾驶前款所列机动车上道路行驶的驾驶人，处二百元以上二千元以下罚款，并吊销机动车驾驶证。

出售已达到报废标准的机动车的，没收违法所得，处销售金额等额的罚款，对该机动车予以收缴，强制报废。

（15）违反道路交通安全法律、法规的规定，发生重大交通事故，构成犯罪的，依法追究刑事责任，并由公安机关交通管理部门吊销机动车驾驶证。

造成交通事故后逃逸的，由公安机关交通管理部门吊销机动车驾驶证，且终生不得重新取得机动车驾驶证。

（16）对六个月内发生二次以上特大交通事故负有主要责任或者全部责任的专业运输单位，由公安机关交通管理部门责令消除安全隐患，未消除安全隐患的机动车，禁止上道路行驶。

（17）国家机动车产品主管部门未按照机动车国家安全技术标准严格审查，许可不合格机动车型投入生产的，对负有责任的主管人员和其他直接责任人员给予降级或者撤职的行政处分。

机动车生产企业经国家机动车产品主管部门许可生产的机动车型，不执行机动车国家安全技术标准或者不严格进行机动车成品质量检验，致使质量不合格的机动车出厂销售的，由质量技术监督部门依照《中华人民共和国产品质量法》的有关规定给予处罚。

擅自生产、销售未经国家机动车产品主管部门许可生产的机动车型的，生产、销售拼装的机动车或者生产、销售擅自改装的机动车的，没收非法生产、销售的机动车成品及配件，可以并处非法产品价值三倍以上五倍以下罚款；有营业执照的，由工商行政管理部门吊销营业执照，没有营业执照的，予以查封。

有以上所列违法行为，生产或者销售不符合国家安全技术标准的机动车，构成犯罪的，依法追究刑事责任。

（18）未经批准，擅自挖掘道路、占用道路施工或者从事其他影响道路交通安全活动的，由道路主管部门责令停止违法行为，并恢复原状，可以依法给予罚款；致使通行的人员、车辆及其他财产遭受损失的，依法承担赔偿责任。

有以上行为，影响道路交通安全活动的，公安机关交通管理部门可以责令停止违法行为，迅速恢复交通。

（19）道路施工作业或者道路出现损毁，未及时设置警示标志、未采取防护措施，或者应当设置交通信号灯、交通标志、交通标线而没有设置，或者应当及时变更交通信号灯、交通标志、交通标线而没有及时变更，致使通行的人员、车辆及其他财产遭受损失的，负有相关职责的单位应当依法承担赔偿责任。

（20）在道路两侧及隔离带上种植树木、其他植物或者设置广告牌、管线等，遮挡路灯、交通信号灯、交通标志，妨碍安全视距的，由公安机关交通管理部门责令行为人排除妨碍；拒不执行的，处二百元以上二千元以下罚款，并强制排除妨碍，所需费用由行为人负担。

（21）对道路交通违法行为人予以警告、处二百元以下罚款，交通警察可以当场做出行政处罚决定，并出具行政处罚决定书。

行政处罚决定书应当载明当事人的违法事实、行政处罚的依据、处罚内容、时间、地点以及处罚机关名称，并由执法人员签名或者盖章。

（22）当事人应当自收到罚款的行政处罚决定书之日起十五日内，到指定的银行缴纳罚款。

对行人、乘车人和非机动车驾驶人的罚款，当事人无异议的，可以当场予以收缴罚款。

罚款时应当开具省、自治区、直辖市财政部门统一制发的罚款收据；不出具财政部门统一制发的罚款收据的，当事人有权拒绝缴纳罚款。

（23）当事人逾期不履行行政处罚决定的，做出行政处罚决定的行政机关可以采取下列措施：

❶ 到期不缴纳罚款的，每日按罚款数额的<u>百分之三</u>加处罚款；

❷ 申请人民法院强制执行。

（24）执行职务的交通警察认为应当对道路交通违法行为人给予暂扣或者吊销机动车驾驶证处罚的，可以先予扣留机动车驾驶证，并在<u>二十四小时内</u>将案件移交公安机关交通管理部门处理。

道路交通违法行为人应当在<u>十五日内</u>到公安机关交通管理部门接受处理。无正当理由逾期未接受处理的，吊销机动车驾驶证。

公安机关交通管理部门暂扣或者吊销机动车驾驶证的，应当出具行政处罚决定书。

（25）对违反本法规定予以拘留的行政处罚，由县、市公安局、公安分局或者相当于县一级的公安机关裁决。

（26）公安机关交通管理部门扣留机动车、非机动车，应当当场出具凭证，并告知当事人在规定期限内到公安机关交通管理部门接受处理。

公安机关交通管理部门对被扣留的车辆应当妥善保管，不得使用。

逾期不来接受处理，并且经公告<u>三个月</u>仍不来接受处理的，对扣留的车辆依法处理。

（27）暂扣机动车驾驶证的期限从处罚决定生效之日起计算；处罚决定生效前先予扣留机动车驾驶证的，扣留一日折抵暂扣期限一日。

吊销机动车驾驶证后重新申请领取机动车驾驶证的期限，按照机动车驾驶证管理规定办理。

（28）公安机关交通管理部门根据交通技术监控记录资料，可以对违法的机动车所有人或者管理人依法予以处罚。对能够确定驾驶人的，可以依照本法的规定依法予以处罚。

（29）交通警察有下列行为之一的，依法给予行政处分：

❶ 为不符合法定条件的机动车发放机动车登记证书、号牌、行驶证、检验合格标志的；

❷ 批准不符合法定条件的机动车安装、使用警车、消防车、救护车、工程救险车的警报器、标志灯具，喷涂标志图案的；

❸ 为不符合驾驶许可条件、未经考试或者考试不合格人员发放机动车驾驶证的；

❹ 不执行罚款决定与罚款收缴分离制度或者不按规定将依法收取的费用、收缴的罚款及没收的违法所得全部上缴国库的；

❺ 举办或者参与举办驾驶学校或者驾驶培训班、机动车修理厂或者收费停车场等经营活动的；

❻ 利用职务上的便利收受他人财物或者谋取其他利益的；

❼ 违法扣留车辆、机动车行驶证、驾驶证、车辆号牌的；

❽ 使用依法扣留的车辆的；

❾ 当场收取罚款，不开具罚款收据或者不如实填写罚款额的；

❿ 徇私舞弊，不公正处理交通事故的；

⓫ 故意刁难，拖延办理机动车牌证的；

⓬ 非执行紧急任务时使用警报器、标志灯具的；

⓭ 违反规定拦截、检查正常行驶的车辆的；

⓮ 非执行紧急公务时拦截搭乘机动车的；

⓯ 不履行法定职责的。

公安机关交通管理部门有前款所列行为之一的，对直接负责的主管人员和其他直接责任人员给予相应的行政处分。

（30）依照第（28）条规定给予交通警察行政处分的，在做出行政处分决定前，可以停止其执行职务；必要时，可以予以禁闭。

依照第（28）条规定，交通警察受到降级或者撤职行政处分的，可以予以辞退。

交通警察受到开除处分或者被辞退的，应当取消警衔；受到撤职以下行政处分的交通警察，应当降低警衔。

（31）交通警察利用职权非法占有公共财物，索取、收受贿赂，或者滥用职权、玩忽职守，构成犯罪的，依法追究刑事责任。

（32）公安机关交通管理部门及其交通警察有第（29）条所列行为之一，给当事人造成损失的，应当依法承担赔偿责任。

第二章
机动车登记规定

（公安部令第164号，自2022年5月1日起施行）

第一节 | 机动车登记

1. 注册登记

（1）初次申领机动车号牌、行驶证的，机动车所有人应当向住所地的车辆管理所申请注册登记。

（2）机动车所有人应当到机动车安全技术检验机构对机动车进行安全技术检验，取得机动车安全技术检验合格证明后申请注册登记。但经海关进口的机动车和国务院机动车产品主管部门认定免予安全技术检验的机动车除外。

免予安全技术检验的机动车有下列情形之一的，应当进行安全技术检验：

❶ 国产机动车出厂后两年内未申请注册登记的；

❷ 经海关进口的机动车进口后两年内未申请注册登记的；

❸ 申请注册登记前发生交通事故的。

专用校车办理注册登记前，应当按照专用校车国家安全技术标准进行安全技术检验。

（3）申请注册登记的，机动车所有人应当交验机动车，确认申请信息，并提交以下证明、凭证：

❶ 机动车所有人的身份证明；

❷ 购车发票等机动车来历证明；

❸ 机动车整车出厂合格证明或者进口机动车进口凭证；

❹ 机动车交通事故责任强制保险凭证；

❺ 车辆购置税、车船税完税证明或者免税凭证，但法律规定不属于征收范围的除外；

❻ 法律、行政法规规定应当在机动车注册登记时提交的其他证明、凭证。

不属于经海关进口的机动车和国务院机动车产品主管部门规定免予安全技术检验的机动车，还应当提交机动车安全技术检验合格证明。

车辆管理所应当自受理申请之日起二日内，查验机动车，采集、核对车辆识别代号拓印膜或者电子资料，审查提交的证明、凭证，核发机动车登记证书、号牌、行驶证和检验合格标志。

机动车安全技术检验、税务、保险等信息实现与有关部门或者机构联网核查的，申请人免予提交相关证明、凭证，车辆管理所核对相关电子信息。

（4）车辆管理所办理消防车、救护车、工程救险车注册登记时，应当对车辆的使用性质、标志图案、标志灯具和警报器进行审查。

机动车所有人申请机动车使用性质登记为危险货物运输、公路客运、旅游客运的，应当具备相关道路运输许可；实现与有关部门联网核查道路运输许可信息、车辆使用性质信息的，车辆管理所应当核对相关电子信息。

申请危险货物运输车登记的，机动车所有人应当为单位。

车辆管理所办理注册登记时，应当对牵引车和挂车分别核发机动车登记证书、号牌、行驶证和检验合格标志。

（5）车辆管理所实现与机动车制造厂新车出厂查验信息联网的，机动车所有人申请小型、微型非营运载客汽车注册登记时，免予交验机动车。

车辆管理所应当会同有关部门在具备条件的摩托车销售企业推行摩托车带牌销售，方便机动车所有人购置车辆、投保保险、缴纳税款、注册登记一站式办理。

（6）有下列情形之一的，不予办理注册登记：

❶ 机动车所有人提交的证明、凭证无效的；

❷ 机动车来历证明被涂改或者机动车来历证明记载的机动车所有人与身份证明不符的；

❸ 机动车所有人提交的证明、凭证与机动车不符的；

❹ 未经国务院机动车产品主管部门许可生产或者未经国家进口机动车主管部门许可进口的；

❺ 机动车的型号或者有关技术参数与国务院机动车产品主管部门公告不符的；

❻ 机动车的车辆识别代号或者有关技术参数不符合国家安全技术标准的；

❼ 机动车达到国家规定的强制报废标准的；

❽ 机动车被监察机关、人民法院、人民检察院、行政执法部门依法查封、扣押的；

❾ 机动车属于被盗抢骗的；

❿ 其他不符合法律、行政法规规定的情形。

2.变更登记

（1）已注册登记的机动车有下列情形之一的，机动车所有人应当向登记地车辆管理所申请变更登记：

❶ 改变车身颜色的；

❷ 更换发动机的；

❸ 更换车身或者车架的；

❹ 因质量问题更换整车的；

❺ 机动车登记的使用性质改变的；

❻ 机动车所有人的住所迁出、迁入车辆管理所管辖区域的。

属于以上第❶～❸项规定的变更事项的，机动车所有人应当在变更后十日内向车辆管理所申请变更登记。

（2）申请变更登记的，机动车所有人应当交验机动车，确认申请信息，并提交以下证明、凭证：

❶ 机动车所有人的身份证明；

❷ 机动车登记证书；

❸ 机动车行驶证；

❹ 属于更换发动机、车身或者车架的，还应当提交机动车安全技术检验合格证明；

❺ 属于因质量问题更换整车的，还应当按照本节"1.注册登记"中第（3）条的规定提交相关证明、凭证。

车辆管理所应当自受理之日起一日内，查验机动车，审查提交的证明、凭证，在机动车登记证书上签注变更事项，收回行驶证，重新核发行驶证。属于第（1）条中第❸项、第❹项、第❻项规定的变更登记事项的，还应当采集、核对车辆识别代号拓印膜或者电子资料。属于机动车使用性质变更为公路客运、旅游客运，实现与有关部门联网核查道路运输许可信息、车辆使用性质信息的，还应当核对相关电子信息。属于需要重新核发机动车号牌的，收回号牌、行驶证，然后重新核发号牌、行驶证和检验合格标志。

小型、微型载客汽车因改变车身颜色申请变更登记，车辆不在登记地的，可以向车辆所在地车辆管理所提出申请。车辆所在地车辆管理所应当按规定查验机动车，审查提交的证明、凭证，并将机动车查验电子资料转递至登记地车辆管理所，登记地车辆管理所按规定复核并核发行驶证。

（3）机动车所有人的住所迁出车辆管理所管辖区域的，转出地车辆管理所应当自受理之日起三日内，查验机动车，在机动车登记证书上签注变更事项，制作上传机动车电子档案资料。机动车所有人应当在三十日内到住所地车辆管理所申请机动车转入。属于小型、微型载客汽车或者摩托车所有人的住所迁出车辆管理所管辖区域的，应当向转入地车辆管理所申请变更登记。

申请机动车转入的，机动车所有人应当确认申请信息，提交身份证明、机动车登记证书，并交验机动车。机动车在转入时已超过检验有效期的，应当按规定进行安全技术检验并提交机动车安全技术检验合格证明和交通事故责任强制保险凭证。车辆管理所应当自受理之日起三日内，查验机动车，采集、核对车辆识别代号拓印膜或者电子资料，审查相关证明、凭证和机动车电子档案资料，在机动车登记证书上签注转入信息，收回号牌、行驶证，确定新的机动车号牌号码，核发号牌、行驶证和检验合格标志。

机动车所有人申请转出、转入前，应当将涉及该车的道路交通安全违法行为和交通事故处理完毕。

（4）机动车所有人为两人以上，需要将登记的所有人姓名变更为其他共同所有人姓名的，可以向登记地车辆管理所申请变更登记。申请时，机动车所有人应当共同提出申请，确认申请信息，提交机动车登记证书、行驶证、变更前和变更后机动车所有人的身份证明及共同所有的公证证明，但属于夫妻双方共同所有的，可以提供结婚证或者证明夫妻关系的居民户口簿。

车辆管理所应当自受理之日起一日内，审查提交的证明、凭证，在机动车登记证书上签注变更事项，收回号牌、行驶证，确定新的机动车号牌号码，重新核发号牌、行驶证和检验合格标志。变更后机动车所有人的住所不在车辆管理所管辖区域内的，迁出地和迁入地车辆管理所应当按照第（3）条的规定办理变更登记。

（5）同一机动车所有人名下机动车的号牌号码需要互换，符合以下情形的，可以向登记地车辆管理所申请变更登记：

❶ 两辆机动车在同一辖区车辆管理所登记；

❷ 两辆机动车属于同一号牌种类；

❸ 两辆机动车使用性质为非营运。

机动车所有人应当确认申请信息，提交机动车所有人身份证明、两辆机动车的登记证书、行驶证、号牌。申请前，应当将两车的道路交通安全违法行为和交通事故处理完毕。

车辆管理所应当自受理之日起一日内，审查提交的证明、凭证，在机动车登记证书上签注变更事项，收回两车的号牌、行驶证，重新核发号牌、行驶证和检验合格标志。

同一机动车一年内可以互换变更一次机动车号牌号码。

（6）有下列情形之一的，不予办理变更登记：

❶ 改变机动车的品牌、型号和发动机型号的，但经国务院机动车产品主管部门许可选装的发动机除外；

❷ 改变已登记的机动车外形和有关技术参数的，但法律、法规和国家强制性标准另有规定的除外；

❸ 属于本节"1.注册登记"中第（6）条第❶项、第❼~❾项规定情形的。

距机动车强制报废标准规定要求使用年限一年以内的机动车，不予办理第（1）条第❺项、第❻项规定的变更事项。

（7）有下列情形之一，在不影响安全和识别号牌的情况下，机动车所有人不需要办理变更登记：

❶ 增加机动车车内装饰；

❷ 小型、微型载客汽车加装出入口踏步件；

❸ 货运机动车加装防风罩、水箱、工具箱、备胎架等。

属于以上第❷、第❸项规定变更事项的，加装的部件不得超出车辆宽度。

（8）已注册登记的机动车有下列情形之一的，机动车所有人应当在信息或者事项变更后三十日内，向登记地车辆管理所申请变更备案：

❶ 机动车所有人住所在车辆管理所管辖区域内迁移、机动车所有人姓名（单位名称）变更的；

❷ 机动车所有人身份证明名称或者号码变更的；

❸ 机动车所有人联系方式变更的；

❹ 车辆识别代号因磨损、锈蚀、事故等原因辨认不清或者损坏的；

❺ 小型、微型自动挡载客汽车加装、拆除、更换肢体残疾人操纵辅助装置的；

❻ 载货汽车、挂车加装、拆除车用起重尾板的；

❼ 小型、微型载客汽车在不改变车身主体结构且保证安全的情况下加装车顶行李架，换装不同式样散热器面罩、保险杠、轮毂的（属于换装轮毂的，不得改变轮胎规格）。

（9）申请变更备案的，机动车所有人应当确认申请信息，按照下列规定办理。

❶ 属于第（8）条第❶项规定情形的，机动车所有人应当提交身份证明、机动车登记证书、行驶证。车辆管理所应当自受理之日起一日内，在机动车登记证书上签注备案事项，收回并重新核发行驶证。

❷ 属于第（8）条第❷项规定情形的，机动车所有人应当提交身份证明、机动车登记证书；属于身份证明号码变更的，还应当提交相关变更证明。车辆管理所应当自受理之日起一日内，在机动车登记证书上签注备案事项。

❸ 属于（8）条第❸项规定情形的，机动车所有人应当提交身份证明。车辆管理所应当自受理之日起一日内办理备案。

❹ 属于第（8）条第❹项规定情形的，机动车所有人应当提交身份证明、机动车登记证书、行驶证，交验机动车。车辆管理所应当自受理之日起一日内，查验机动车，监督重新打刻原车辆识别代号，采集、核对车辆识别代号拓印膜或者电子资料，在机动车登记证书上签注备案事项。

❺ 属于第（8）条第❺项、第❻项规定情形的，机动车所有人应当提交身份证明、行驶证、机动车安全技术检验合格证明、操纵辅助装置或者尾板加装合格证明，交验机动车。车辆管理所应当自受理之日起一

日内，查验机动车，收回并重新核发行驶证。

❻ 属于第（8）条第❼项规定情形的，机动车所有人应当提交身份证明、行驶证，交验机动车。车辆管理所应当自受理之日起一日内，查验机动车，收回并重新核发行驶证。

因第（8）条第❺ ~ ❼项申请变更备案，车辆不在登记地的，可以向车辆所在地车辆管理所提出申请。车辆所在地车辆管理所应当按规定查验机动车，审查提交的证明、凭证，并将机动车查验电子资料转递至登记地车辆管理所，登记地车辆管理所按规定复核并核发行驶证。

3. 转让登记

（1）已注册登记的机动车所有权发生转让的，现机动车所有人应当自机动车交付之日起三十日内向登记地车辆管理所申请转让登记。

机动车所有人申请转让登记前，应当将涉及该车的道路交通安全违法行为和交通事故处理完毕。

（2）申请转让登记的，现机动车所有人应当交验机动车，确认申请信息，并提交以下证明、凭证：

❶ 现机动车所有人的身份证明；

❷ 机动车所有权转让的证明、凭证；

❸ 机动车登记证书；

❹ 机动车行驶证；

❺ 属于海关监管的机动车，还应当提交海关监管车辆解除监管证明书或者海关批准的转让证明；

❻ 属于超过检验有效期的机动车，还应当提交机动车安全技术检验合格证明和交通事故责任强制保险凭证。

车辆管理所应当自受理申请之日起一日内，查验机动车，核对车辆识别代号拓印膜或者电子资料，审查提交的证明、凭证，收回号牌、行驶证，确定新的机动车号牌号码，在机动车登记证书上签注转让事项，重新核发号牌、行驶证和检验合格标志。

在机动车抵押登记期间申请转让登记的，应当由原机动车所有人、现机动车所有人和抵押权人共同申请，车辆管理所一并办理新的抵押登记。

在机动车质押备案期间申请转让登记的，应当由原机动车所有人、现机动车所有人和质权人共同申请，车辆管理所一并办理新的质押备案。

（3）车辆管理所办理转让登记时，现机动车所有人住所不在车辆管理所管辖区域内的，转出地车辆管理所应当自受理之日起三日内，查验机动车，核对车辆识别代号拓印膜或者电子资料，审查提交的证明、凭证，收回号牌、行驶证，在机动车登记证书上签注转让和变更事项，核发有效期为三十日的临时行驶车号牌，制作上传机动车电子档案资料。机动车所有人应当在临时行驶车号牌的有效期限内到转入地车辆管理所申请机动车转入。

申请机动车转入时，机动车所有人应当确认申请信息，提交身份证明、机动车登记证书，并交验机动车。机动车在转入时已超过检验有效期的，应当按规定进行安全技术检验并提交机动车安全技术检验合格证明和交通事故责任强制保险凭证。转入地车辆管理所应当自受理之日起三日内，查验机动车，采集、核对车辆识别代号拓印膜或者电子资料，审查相关证明、凭证和机动车电子档案资料，在机动车登记证书上签注转入信息，核发号牌、行驶证和检验合格标志。

小型、微型载客汽车或者摩托车在转入地交易的，现机动车所有人应当向转入地车辆管理所申请转让登记。

（4）二手车出口企业收购机动车的，车辆管理所应当自受理之日起三日内，查验机动车，核对车辆识别代号拓印膜或者电子资料，审查提交的证明、凭证，在机动车登记证书上签注转让待出口事项，收回号牌、行驶证，核发有效期不超过六十日的临时行驶车号牌。

（5）有下列情形之一的，不予办理转让登记：

❶ 机动车与该车档案记载内容不一致的；

❷ 属于海关监管的机动车，海关未解除监管或者批准转让的；

❸ 距机动车强制报废标准规定要求使用年限<u>一年以内</u>的机动车；

❹ 属于本节"1.注册登记"中第（6）条第❶项、第❷项、第❼ ～ ❾项规定情形的。

（6）被监察机关、人民法院、人民检察院、行政执法部门依法没收并拍卖，或者被仲裁机构依法仲裁裁决，或者被监察机关依法处理，或者被人民法院调解、裁定、判决机动车所有权转让时，原机动车所有人未向现机动车所有人提供机动车登记证书、号牌或者行驶证的，现机动车所有人在办理转让登记时，应当提交监察机关或者人民法院出具的未得到机动车登记证书、号牌或者行驶证的协助执行通知书，或者人民检察院、行政执法部门出具的未得到机动车登记证书、号牌或者行驶证的证明。车辆管理所应当公告原机动车登记证书、号牌或者行驶证作废，并在办理转让登记的同时，补发机动车登记证书。

4.抵押登记

（1）机动车作为抵押物抵押的，机动车所有人和抵押权人应当向登记地车辆管理所申请抵押登记；抵押权消灭的，应当向登记地车辆管理所申请解除抵押登记。

（2）申请抵押登记的，由机动车所有人和抵押权人共同申请，确认申请信息，并提交下列证明、凭证：

❶ 机动车所有人和抵押权人的身份证明；

❷ 机动车登记证书；

❸ 机动车抵押合同。

车辆管理所应当自受理之日起<u>一日内</u>，审查提交的证明、凭证，在机动车登记证书上签注抵押登记的内容和日期。

在机动车抵押登记期间，申请因质量问题更换整车变更登记、机动车迁出迁入、共同所有人变更或者补领、换领机动车登记证书的，应当由机动车所有人和抵押权人共同申请。

（3）申请解除抵押登记的，由机动车所有人和抵押权人共同申请，确认申请信息，并提交下列证明、凭证：

❶ 机动车所有人和抵押权人的身份证明；

❷ 机动车登记证书。

人民法院调解、裁定、判决解除抵押的，机动车所有人或者抵押权人应当确认申请信息，提交机动车登记证书，人民法院出具的已经生效的调解书、裁定书或者判决书，以及相应的协助执行通知书。

车辆管理所应当自受理之日起一日内，审查提交的证明、凭证，在机动车登记证书上签注解除抵押登记的内容和日期。

（4）机动车作为质押物质押的，机动车所有人可以向登记地车辆管理所申请质押备案；质押权消灭的，应当向登记地车辆管理所申请解除质押备案。

申请办理机动车质押备案或者解除质押备案的，由机动车所有人和质权人共同申请，确认申请信息，并提交以下证明、凭证：

❶ 机动车所有人和质权人的身份证明；

❷ 机动车登记证书。

车辆管理所应当自受理之日起一日内，审查提交的证明、凭证，在机动车登记证书上签注质押备案或者解除质押备案的内容和日期。

（5）机动车抵押、解除抵押信息实现与有关部门或者金融机构等联网核查的，申请人免予提交相关证明、凭证。

机动车抵押登记日期、解除抵押登记日期可以供公众查询。

（6）属于本节"1.注册登记"中第（6）条第❶项、第❼～❾项或者"3.转让登记"中第（5）条第❷项规定情形的，不予办理抵押登记、质押备案。对机动车所有人、抵押权人、质权人提交的证明、凭证无效，或者机动车被监察机关、人民法院、人民检察院、行政执法部门依法查封、扣押的，不予办理解除抵押登记、质押备案。

5.注销登记

（1）机动车有下列情形之一的，机动车所有人应当向登记地车辆管理所申请注销登记：

❶ 机动车已达到国家强制报废标准的；

❷ 机动车未达到国家强制报废标准，机动车所有人自愿报废的；

❸ 因自然灾害、失火、交通事故等造成机动车灭失的；

❹ 机动车因故不在我国境内使用的；

❺ 因质量问题退车的。

属于以上第❹项、第❺项规定情形的，机动车所有人申请注销登记前，应当将涉及该车的道路交通安全违法行为和交通事故处理完毕。

属于二手车出口符合以上第❹项规定情形的，二手车出口企业应当在机动车办理海关出口通关手续后二个月内申请注销登记。

（2）属于第（1）条第❶项、第❷项规定情形，机动车所有人申请注销登记的，应当向报废机动车回收企业交售机动车，确认申请信息，提交机动车登记证书、号牌和行驶证。

报废机动车回收企业应当确认机动车，向机动车所有人出具报废机动车回收证明，七日内将申请表、机动车登记证书、号牌、行驶证和报废机动车回收证明副本提交车辆管理所。属于报废校车、大型客车、重型货车及其他营运车辆的，申请注销登记时，还应当提交车辆识别代号拓印膜、车辆解体的照片或者电子资料。

车辆管理所应当自受理之日起一日内，审查提交的证明、凭证，收回机动车登记证书、号牌、行驶证，出具注销证明。

对车辆不在登记地的，机动车所有人可以向车辆所在地机动车回收企业交售报废机动车。报废机动车回收企业应当确认机动车，向机动车所有人出具报废机动车回收证明，七日内将申请表、机动车登记证书、号牌、行驶证、报废机动车回收证明副本以及车辆识别代号拓印膜或者电子资料提交报废地车辆管理所。属于报废校车、大型客车、重型货车及其他营运车辆的，还应当提交车辆解体的照片或者电子资料。

报废地车辆管理所应当自受理之日起一日内，审查提交的证明、凭证，收回机动车登记证书、号牌、行驶证，并通过计算机登记管理系统将机动车报废信息传递给登记地车辆管理所。登记地车辆管理所应当自接到机动车报废信息之日起<u>一日内</u>办理注销登记，并出具注销证明。

机动车报废信息实现与有关部门联网核查的，报废机动车回收企业免予提交相关证明、凭证，车辆管理所应当核对相关电子信息。

（3）属于第（1）条第❸ ~ ❺项规定情形，机动车所有人申请注销登记的，应当确认申请信息，并提交以下证明、凭证：

❶ 机动车所有人身份证明；

❷ 机动车登记证书；

❸ 机动车行驶证；

❹ 属于海关监管的机动车，因故不在我国境内使用的，还应当提交海关出具的海关监管车辆进（出）境领（销）牌照通知书；

❺ 属于因质量问题退车的，还应当提交机动车制造厂或者经销商出具的退车证明。

申请人因机动车灭失办理注销登记的，应当书面承诺因自然灾害、失火、交通事故等导致机动车灭失，并承担不实承诺的法律责任。

二手车出口企业因二手车出口办理注销登记的，应当提交机动车所有人身份证明、机动车登记证书和机动车出口证明。

车辆管理所应当自受理之日起<u>一日内</u>，审查提交的证明、凭证，属于机动车因故不在我国境内使用的，还应当核查机动车出境记录，收回机动车登记证书、号牌、行驶证，出具注销证明。

（4）已注册登记的机动车有下列情形之一的，登记地车辆管理所应当办理机动车注销：

❶ 机动车登记被依法撤销的；

❶ 达到国家强制报废标准的机动车被依法收缴并强制报废的。

（5）已注册登记的机动车有下列情形之一的，车辆管理所应当公告机动车登记证书、号牌、行驶证作废：

❶ 达到国家强制报废标准，机动车所有人逾期不办理注销登记的；

❷ 机动车登记被依法撤销后，未收缴机动车登记证书、号牌、行驶

证的；

❸ 达到国家强制报废标准的机动车被依法收缴并强制报废的；

❹ 机动车所有人办理注销登记时未交回机动车登记证书、号牌、行驶证的。

（6）属于本节"1.注册登记"中第（6）条第❶项、第❽项、第❾项或者"3.转让登记"中第5条第❶项规定情形的，不予办理注销登记。机动车在抵押登记、质押备案期间的，不予办理注销登记。

第二节 | 机动车牌证

1.牌证发放

（1）机动车所有人可以通过计算机随机选取或者按照选号规则自行编排的方式确定机动车号牌号码。

公安机关交通管理部门应当使用统一的机动车号牌选号系统发放号牌号码，号牌号码公开向社会发放。

（2）办理机动车变更登记、转让登记或者注销登记后，原机动车所有人申请机动车登记时，可以向车辆管理所申请使用原机动车号牌号码。

申请使用原机动车号牌号码应当符合下列条件：

❶ 在办理机动车迁出、共同所有人变更、转让登记或者注销登记后两年内提出申请；

❷ 机动车所有人拥有原机动车且使用原号牌号码一年以上；

❸ 涉及原机动车的道路交通安全违法行为和交通事故处理完毕。

（3）夫妻双方共同所有的机动车将登记的机动车所有人姓名变更为另一方姓名，婚姻关系存续期满一年且经夫妻双方共同申请的，可以使用原机动车号牌号码。

（4）机动车具有下列情形之一，需要临时上道路行驶的，机动车所有人应当向车辆管理所申领临时行驶车号牌：

❶ 未销售的；

❷ 以购买、调拨、赠予等方式获得机动车后尚未注册登记的；

❸ 新车出口销售的；

❹ 进行科研、定型试验的；

❺ 因轴荷、总质量、外廓尺寸超出国家标准不予办理注册登记的特型机动车。

（5）机动车所有人申领临时行驶车号牌应当提交以下证明、凭证：

❶ 机动车所有人的身份证明；

❷ 机动车交通事故责任强制保险凭证；

❸ 属于第（4）条第**❶**项、第**❺**项规定情形的，还应当提交机动车整车出厂合格证明或者进口机动车进口凭证；

❹ 属于第（4）条第**❷**项规定情形的，还应当提交机动车来历证明，以及机动车整车出厂合格证明或者进口机动车进口凭证；

❺ 属于第（4）条第**❸**项规定情形的，还应当提交机动车制造厂出具的安全技术检验证明以及机动车出口证明；

❻ 属于第（4）条第**❹**项规定情形的，还应当提交书面申请，以及机动车安全技术检验合格证明或者机动车制造厂出具的安全技术检验证明。

车辆管理所应当自受理之日起一日内，审查提交的证明、凭证，属于第（4）条第**❶** ~ **❸**项规定情形，需要临时上道路行驶的，核发有效期不超过三十日的临时行驶车号牌。属于第（4）条第**❹**项规定情形的，核发有效期不超过六个月的临时行驶车号牌。属于第（4）条第**❺**项规定情形的，核发有效期不超过九十日的临时行驶车号牌。

因号牌制作的原因，无法在规定时限内核发号牌的，车辆管理所应当核发有效期不超过十五日的临时行驶车号牌。

对属于第（4）条第**❶**项、第**❷**项规定情形，机动车所有人需要多次申领临时行驶车号牌的，车辆管理所核发临时行驶车号牌不得超过三次。属于第（4）条第❸项规定情形的，车辆管理所核发一次临时行驶车号牌。

临时行驶车号牌有效期不得超过机动车交通事故责任强制保险有效期。

机动车办理登记后，机动车所有人收到机动车号牌之日起三日后，临时行驶车号牌作废，不得继续使用。

（6）对智能网联机动车进行道路测试、示范应用需要上道路行驶的，道路测试、示范应用单位应当向车辆管理所申领临时行驶车号牌，提交以下证明、凭证：

❶ 道路测试、示范应用单位的身份证明；

❷ 机动车交通事故责任强制保险凭证；

❸ 经主管部门确认的道路测试、示范应用凭证；

❹ 机动车安全技术检验合格证明。

车辆管理所应当自受理之日起一日内，审查提交的证明、凭证，核发临时行驶车号牌。临时行驶车号牌有效期应当与准予道路测试、示范应用凭证上签注的期限保持一致，但最长不得超过六个月。

（7）对临时入境的机动车需要上道路行驶的，机动车所有人应当按规定向入境地或者始发地车辆管理所申领临时入境机动车号牌和行驶证。

（8）公安机关交通管理部门应当使用统一的号牌管理信息系统制作、发放、收回、销毁机动车号牌和临时行驶车号牌。

2.牌证补换领

（1）机动车号牌灭失、丢失或者损毁的，机动车所有人应当向登记地车辆管理所申请补领、换领。申请时，机动车所有人应当确认申请信息并提交身份证明。

车辆管理所应当审查提交的证明、凭证，收回未灭失、丢失或者损毁的号牌，自受理之日起十五日内补发、换发号牌，原机动车号牌号码不变。

补发、换发机动车号牌期间，申请人可以申领有效期不超过<u>十五日</u>的临时行驶车号牌。

补领、换领机动车号牌的，原机动车号牌作废，不得继续使用。

（2）机动车登记证书、行驶证灭失、丢失或者损毁的，机动车所有人应当向登记地车辆管理所申请补领、换领。申请时，机动车所有人应当确认申请信息并提交身份证明。

车辆管理所应当审查提交的证明、凭证，收回损毁的登记证书、行驶证，自受理之日起<u>一日内</u>补发、换发机动车登记证书、行驶证。

补领、换领机动车登记证书、行驶证的，原机动车登记证书、行驶证作废，不得继续使用。

（3）机动车所有人发现登记内容有错误的，应当及时要求车辆管理所更正。车辆管理所应当自受理之日起<u>五日内</u>予以确认。确属登记错误的，在机动车登记证书上更正相关内容，换发行驶证。需要改变机动车号牌号码的，应当收回号牌、行驶证，确定新的机动车号牌号码，重新核发号牌、行驶证和检验合格标志。

3.检验合格标志核发

（1）机动车所有人可以在机动车检验有效期满前<u>三个月内</u>向车辆管理所申请检验合格标志。除大型载客汽车、校车以外的机动车因故不能在登记地检验的，机动车所有人可以向车辆所在地车辆管理所申请检验合格标志。

申请前，机动车所有人应当将涉及该车的道路交通安全违法行为和交通事故处理完毕。申请时，机动车所有人应当确认申请信息并提交行驶证、机动车交通事故责任强制保险凭证、车船税纳税或者免税证明、机动车安全技术检验合格证明。

车辆管理所应当自受理之日起<u>一日内</u>，审查提交的证明、凭证，核发检验合格标志。

（2）对免予到机动车安全技术检验机构检验的机动车，机动车所有人申请检验合格标志时，应当提交机动车所有人身份证明或者行驶证、机动车交通事故责任强制保险凭证、车船税纳税或者免税证明。

车辆管理所应当自受理之日起一日内，审查提交的证明、凭证，核发检验合格标志。

（3）公安机关交通管理部门应当实行机动车检验合格标志电子化，在核发检验合格标志的同时，发放检验合格标志电子凭证。

检验合格标志电子凭证与纸质检验合格标志具有同等效力。

（4）机动车检验合格标志灭失、丢失或者损毁，机动车所有人需要补领、换领的，可以持机动车所有人身份证明或者行驶证向车辆管理所申请补领或者换领。对机动车交通事故责任强制保险在有效期内的，车辆管理所应当自受理之日起一日内补发或者换发。

第三节 | 监督管理

（1）公安机关交通管理部门应当建立业务监督管理中心，通过远程监控、数据分析、日常检查、档案抽查、业务回访等方式，对机动车登记及相关业务办理情况进行监督管理。

直辖市、设区的市或者相当于同级的公安机关交通管理部门应当通过监管系统每周对机动车登记及相关业务办理情况进行监控、分析，及时查处整改发现的问题。省级公安机关交通管理部门应当通过监管系统每月对机动车登记及相关业务办理情况进行监控、分析，及时查处、通报发现的问题。

车辆管理所存在严重违规办理机动车登记情形的，上级公安机关交通管理部门可以暂停该车辆管理所办理相关业务或者指派其他车辆管理所人员接管业务。

（2）县级公安机关交通管理部门办理机动车登记及相关业务的，办公场所、设施设备、人员资质和信息系统等应当满足业务办理需求，并符合相关规定和标准要求。

直辖市、设区的市公安机关交通管理部门应当加强对县级公安机关交通管理部门办理机动车登记及相关业务的指导、培训和监督管理。

（3）机动车销售企业、二手车交易市场、机动车安全技术检验机构、报废机动车回收企业和邮政、金融机构、保险机构等单位，经公安机关交通管理部门委托可以设立机动车登记服务站，在公安机关交通管理部门监督管理下协助办理机动车登记及相关业务。

机动车登记服务站应当规范设置名称和外观标识，公开业务范围、办理依据、办理程序、收费标准等事项。机动车登记服务站应当使用统一的计算机管理系统协助办理机动车登记及相关业务。

机动车登记服务站协助办理机动车登记的，可以提供办理保险和车辆购置税、机动车预查验、信息预录入等服务，便利机动车所有人"一站式"办理。

（4）公安机关交通管理部门应当建立机动车登记服务站监督管理制度，明确设立条件、业务范围、办理要求、信息系统安全等规定，签订协议及责任书，通过业务抽查、网上巡查、实地检查、业务回访等方式加强对机动车登记服务站协助办理业务情况的监督管理。

机动车登记服务站存在违反规定办理机动车登记及相关业务、违反信息安全管理规定等情形的，公安机关交通管理部门应当暂停委托其业务办理，限期整改；有严重违规情形的，终止委托其业务办理。机动车登记服务站违反规定办理业务给当事人造成经济损失的，应当依法承担赔偿责任；构成犯罪的，依法追究相关责任人员的刑事责任。

（5）公安机关交通管理部门应当建立号牌制作发放监管制度，加强对机动车号牌制作单位和号牌质量的监督管理。

机动车号牌制作单位存在违反规定制作和发放机动车号牌的，公安机关交通管理部门应当暂停其相关业务，限期整改；构成犯罪的，依法追究相关责任人员的刑事责任。

（6）机动车安全技术检验机构应当按照国家机动车安全技术检验标

准对机动车进行检验，对检验结果承担法律责任。

公安机关交通管理部门在核发机动车检验合格标志时，发现机动车安全技术检验机构存在为未经检验的机动车出具检验合格证明、伪造或者篡改检验数据等出具虚假检验结果行为的，停止认可其出具的检验合格证明，依法进行处罚，并通报市场监督管理部门；构成犯罪的，依法追究相关责任人员刑事责任。

（7）从事机动车查验工作的人员，应当持有公安机关交通管理部门颁发的资格证书。公安机关交通管理部门应当在公安民警、警务辅助人员中选拔足够数量的机动车查验员，从事查验工作。机动车登记服务站工作人员可以在车辆管理所监督下承担机动车查验工作。

机动车查验员应当严格遵守查验工作纪律，不得减少查验项目、降低查验标准，不得参与、协助、纵容为违规机动车办理登记。公安民警、警务辅助人员不得参与或者变相参与机动车安全技术检验机构经营活动，不得收取机动车安全技术检验机构、机动车销售企业、二手车交易市场、报废机动车回收企业等相关企业、申请人的财物。

车辆管理所应当对机动车查验过程进行全程录像，并实时监控查验过程，没有使用录像设备的，不得进行查验。机动车查验中，查验员应当使用执勤执法记录仪记录查验过程。车辆管理所应当建立机动车查验音视频档案，存储录像设备和执勤执法记录仪记录的音像资料。

（8）车辆管理所在办理机动车登记及相关业务过程中发现存在以下情形的，应当及时开展调查：

❶ 机动车涉嫌走私、被盗抢骗、非法生产销售、拼（组）装、非法改装的；

❷ 涉嫌提交虚假申请材料的；

❸ 涉嫌使用伪造、变造机动车牌证的；

❹ 涉嫌以欺骗、贿赂等不正当手段取得机动车登记的；

❺ 存在短期内频繁补换领牌证、转让登记、转出转入等异常情形的；

❻ 存在其他违法违规情形的。

车辆管理所发现申请人通过互联网办理机动车登记及相关业务存在第一款规定嫌疑情形的，应当转为现场办理，当场审查申请材料，及时开展调查。

（9）车辆管理所开展调查时，可以通知申请人协助调查，询问嫌疑情况，记录调查内容，并可以采取检验鉴定、实地检查等方式进行核查。

对经调查发现涉及行政案件或者刑事案件的，应当依法采取必要的强制措施或者其他处置措施，移交有管辖权的公安机关按照《公安机关办理行政案件程序规定》《公安机关办理刑事案件程序规定》等规定办理。

对办理机动车登记时发现机动车涉嫌走私的，公安机关交通管理部门应当将机动车及相关资料移交海关依法处理。

（10）已注册登记的机动车被盗抢骗的，车辆管理所应当根据刑侦部门提供的情况，在计算机登记系统内记录，停止办理该车的各项登记和业务。被盗抢骗的机动车发还后，车辆管理所应当恢复办理该车的各项登记和业务。

机动车在被盗抢骗期间，发动机号码、车辆识别代号或者车身颜色被改变的，车辆管理所应当凭有关技术鉴定证明办理变更备案。

（11）公安机关交通管理部门及其交通警察、警务辅助人员办理机动车登记工作，应当接受监察机关、公安机关督察审计部门等依法实施的监督。

公安机关交通管理部门及其交通警察、警务辅助人员办理机动车登记工作，应当自觉接受社会和公民的监督。

第四节 | 法律责任

（1）有下列情形之一的，由公安机关交通管理部门处警告或者二百元以下罚款：

❶ 重型、中型载货汽车、专项作业车、挂车及大型客车的车身或者车厢后部未按照规定喷涂放大的牌号或者放大的牌号不清晰的；

❷ 机动车喷涂、粘贴标识或者车身广告，影响安全驾驶的；

❸ 载货汽车、专项作业车及挂车未按照规定安装侧面及后下部防护装置、粘贴车身反光标识的；

❹ 机动车未按照规定期限进行安全技术检验的；

❺ 改变车身颜色，更换发动机、车身或者车架，未按照本章第一节"2.变更登记"中第（1）条规定的时限办理变更登记的；

❻ 机动车所有权转让后，现机动车所有人未按照本章第一节"3.转让登记"中第（1）条规定的时限办理转让登记的；

❼ 机动车所有人办理变更登记、转让登记，未按照本章第一节"2.变更登记"中第（3）条、"3.转让登记"中第（3）条规定的时限到住所地车辆管理所申请机动车转入的；

❽ 机动车所有人未按照本章第一节"2.变更登记"中第（8）条规定申请变更备案的。

（2）除本章第一节"2.变更登记"中第（1）条、第（7）条、第（8）条规定的情形外，擅自改变机动车外形和已登记的有关技术参数的，由公安机关交通管理部门责令恢复原状，并处警告或者五百元以下罚款。

（3）隐瞒有关情况或者提供虚假材料申请机动车登记的，公安机关交通管理部门不予受理或者不予登记，处五百元以下罚款；申请人在一年内不得再次申请机动车登记。

对发现申请人通过机动车虚假交易、以合法形式掩盖非法目的等手段，在机动车登记业务中牟取不正当利益的，依照第一款的规定处理。

（4）以欺骗、贿赂等不正当手段取得机动车登记的，由公安机关交通管理部门收缴机动车登记证书、号牌、行驶证，撤销机动车登记，处二千元以下罚款；申请人在三年内不得再次申请机动车登记。

以欺骗、贿赂等不正当手段办理补、换领机动车登记证书、号牌、行驶证和检验合格标志等业务的，由公安机关交通管理部门收缴机动车登记证书、号牌、行驶证和检验合格标志，未收缴的，公告作废，处二千元以下罚款。

组织、参与实施第（3）条、本条以上行为之一牟取经济利益的，由公安机关交通管理部门处违法所得三倍以上五倍以下罚款，但最高不超过十万元。

（5）省、自治区、直辖市公安厅、局可以根据本地区的实际情况，在本规定的处罚幅度范围内，制定具体的执行标准。

对本规定的道路交通安全违法行为的处理程序按照《道路交通安全违法行为处理程序规定》执行。

（6）交通警察有下列情形之一的，按照有关规定给予处分，对聘用人员予以解聘。构成犯罪的，依法追究刑事责任：

❶ 违反规定为被盗抢骗、走私、非法拼（组）装、达到国家强制报废标准的机动车办理登记的；

❷ 不按照规定查验机动车和审查证明、凭证的；

❸ 故意刁难，拖延或者拒绝办理机动车登记的；

❹ 违反本规定增加机动车登记条件或者提交的证明、凭证的；

❺ 违反本章第二节"1.牌证发放"中第（1）条的规定，采用其他方式确定机动车号牌号码的；

❻ 违反规定跨行政辖区办理机动车登记和业务的；

❼ 与非法中介串通牟取经济利益的；

❽ 超越职权进入计算机登记管理系统办理机动车登记和业务，或者不按规定使用计算机登记管理系统办理机动车登记和业务的；

❾ 违反规定侵入计算机登记管理系统，泄漏、篡改、买卖系统数据，或者泄漏系统密码的；

❿ 违反规定向他人出售或者提供机动车登记信息的；

⓫ 参与或者变相参与机动车安全技术检验机构经营活动的；

⓬ 利用职务上的便利索取、收受他人财物或者牟取其他利益的；

⓭ 强令车辆管理所违反本规定办理机动车登记的。

交通警察未按照本章第三节中第（7）条规定使用执法记录仪的，根据情节轻重，按照有关规定给予处分。

（7）公安机关交通管理部门有第（6）条所列行为之一的，按照有关规定对直接负责的主管人员和其他直接责任人员给予相应的处分。

公安机关交通管理部门及其工作人员有第（6）条所列行为之一，给当事人造成损失的，应当依法承担赔偿责任。

第三章
机动车驾驶证申领
和使用规定

（摘自公安部令第162号，自2022年4月1日起施行）

第一节 | 机动车驾驶证申请

1.机动车驾驶证

（1）驾驶机动车，应当依法取得机动车驾驶证。

（2）机动车驾驶人准予驾驶的车型顺序依次分为：大型客车、重型牵引挂车、城市公交车、中型客车、大型货车、小型汽车、小型自动挡汽车、低速载货汽车、三轮汽车、残疾人专用小型自动挡载客汽车、轻型牵引挂车、普通三轮摩托车、普通二轮摩托车、轻便摩托车、轮式专用机械车、无轨电车和有轨电车。

（3）机动车驾驶证记载和签注以下内容。

❶ 机动车驾驶人信息：姓名、性别、出生日期、国籍、住址、身份证明号码（机动车驾驶证号码）、照片。

❷ 车辆管理所签注内容：初次领证日期、准驾车型代号、有效期限、核发机关印章、档案编号、准予驾驶机动车听力辅助条件。

（4）机动车驾驶证有效期分为六年、十年和长期。

2.申请

（1）申请机动车驾驶证的人，应当符合下列规定。

❶ 年龄条件：

a.申请小型汽车、小型自动挡汽车、残疾人专用小型自动挡载客汽车、轻便摩托车准驾车型的，在18周岁以上；

b.申请低速载货汽车、三轮汽车、普通三轮摩托车、普通二轮摩托车或者轮式专用机械车准驾车型的，在18周岁以上，60周岁以下；

c.申请城市公交车、中型客车、大型货车、轻型牵引挂车、无轨电车或者有轨电车准驾车型的，在20周岁以上，60周岁以下；

d.申请大型客车、重型牵引挂车准驾车型的，在22周岁以上，60周岁以下；

e.接受全日制驾驶职业教育的学生，申请大型客车、重型牵引挂车准驾车型的，在19周岁以上，60周岁以下。

❷ 身体条件如下。

a.身高：申请大型客车、重型牵引挂车、城市公交车、大型货车、无轨电车准驾车型的，身高在155厘米以上；申请中型客车准驾车型的，身高在150厘米以上。

b.视力：申请大型客车、重型牵引挂车、城市公交车、中型客车、大型货车、无轨电车或者有轨电车准驾车型的，两眼裸视力或者矫正视力达到对数视力表5.0以上。申请其他准驾车型的，两眼裸视力或者矫正视力达到对数视力表4.9以上。单眼视力障碍，优眼裸视力或者矫正视力达到对数视力表5.0以上，且水平视野达到150度的，可以申请小型汽车、小型自动挡汽车、低速载货汽车、三轮汽车、残疾人专用小型自动挡载客汽车准驾车型的机动车驾驶证。

c.辨色力：无红绿色盲。

d.听力：两耳分别距音叉50厘米能辨别声源方向。有听力障碍但佩戴助听设备能够达到以上条件的，可以申请小型汽车、小型自动挡汽车准驾车型的机动车驾驶证。

e.上肢：双手拇指健全，每只手其他手指必须有三指健全，肢体和手指运动功能正常。但手指末节残缺或者左手有三指健全，且双手手掌完整的，可以申请小型汽车、小型自动挡汽车、低速载货汽车、三轮汽车准驾车型的机动车驾驶证。

f.下肢：双下肢健全且运动功能正常，不等长度不得大于5厘米。单独左下肢缺失或者丧失运动功能，但右下肢正常的，可以申请小型自动挡汽车准驾车型的机动车驾驶证。

g.躯干、颈部：无运动功能障碍。

h.右下肢、双下肢缺失或者丧失运动功能但能够自主坐立，且上肢符合第e项规定的，可以申请残疾人专用小型自动挡载客汽车准驾车型的机动车驾驶证。一只手掌缺失，另一只手拇指健全，其他手指有两指健全，上肢和手指运动功能正常，且下肢符合第f项规定的，可以申请残疾人专用小型自动挡载客汽车准驾车型的机动车驾驶证。

i.年龄在70周岁以上，能够通过记忆力、判断力、反应力等能力测试的，可以申请小型汽车、小型自动挡汽车、残疾人专用小型自动挡载客汽车、轻便摩托车准驾车型的机动车驾驶证。

（2）有下列情形之一的，不得申请机动车驾驶证：

❶ 有器质性心脏病、癫痫病、美尼尔氏症、眩晕症、癔病、震颤麻痹（帕金森病）、精神病、痴呆以及影响肢体活动的神经系统疾病等妨碍安全驾驶疾病的；

❷ 三年内有吸食、注射毒品行为或者解除强制隔离戒毒措施未满三年，以及长期服用依赖性精神药品成瘾尚未戒除的；

❸ 造成交通事故后逃逸构成犯罪的；

❹ 饮酒后或者醉酒驾驶机动车发生重大交通事故构成犯罪的；

❺ 醉酒驾驶机动车或者饮酒后驾驶营运机动车依法被吊销机动车驾驶证未满五年的；

❻ 醉酒驾驶营运机动车依法被吊销机动车驾驶证未满十年的；

❼ 驾驶机动车追逐竞驶、超员、超速、违反危险化学品安全管理规定运输危险化学品构成犯罪，依法被吊销机动车驾驶证未满五年的；

❽ 因第❹项以外的其他违反交通管理法律法规的行为发生重大交

通事故构成犯罪，依法被吊销机动车驾驶证未满十年的；

❾ 因其他情形依法被吊销机动车驾驶证未满二年的；

❿ 驾驶许可依法被撤销未满三年的；

⓫ 未取得机动车驾驶证驾驶机动车，发生负同等以上责任交通事故，造成人员重伤或者死亡未满十年的；

⓬ 三年内有代替他人参加机动车驾驶人考试行为的；

⓭ 法律、行政法规规定的其他情形。

未取得机动车驾驶证驾驶机动车，有以上第❺ ～ ❽项行为之一的，在规定期限内不得申请机动车驾驶证。

（3）初次申领机动车驾驶证的，可以申请准驾车型为城市公交车、大型货车、小型汽车、小型自动挡汽车、低速载货汽车、三轮汽车、残疾人专用小型自动挡载客汽车、普通三轮摩托车、普通二轮摩托车、轻便摩托车、轮式专用机械车、无轨电车、有轨电车的机动车驾驶证。

已持有机动车驾驶证，申请增加准驾车型的，可以申请增加的准驾车型为大型客车、重型牵引挂车、城市公交车、中型客车、大型货车、小型汽车、小型自动挡汽车、低速载货汽车、三轮汽车、轻型牵引挂车、普通三轮摩托车、普通二轮摩托车、轻便摩托车、轮式专用机械车、无轨电车、有轨电车。

（4）已持有机动车驾驶证，申请增加准驾车型的，应当在本记分周期和申请前最近一个记分周期内没有记满12分记录。申请增加轻型牵引挂车、中型客车、重型牵引挂车、大型客车准驾车型的，还应当符合下列规定：

❶ 申请增加轻型牵引挂车准驾车型的，已取得驾驶小型汽车、小型自动挡汽车准驾车型资格一年以上；

❷ 申请增加中型客车准驾车型的，已取得驾驶城市公交车、大型货车、小型汽车、小型自动挡汽车、低速载货汽车或者三轮汽车准驾车型资格二年以上，并在申请前最近连续二个记分周期内没有记满12分记录；

❸ 申请增加重型牵引挂车准驾车型的，已取得驾驶中型客车或者大型货车准驾车型资格二年以上，或者取得驾驶大型客车准驾车型资格一年以上，并在申请前最近连续二个记分周期内没有记满12分记录；

❹ 申请增加大型客车准驾车型的，已取得驾驶城市公交车、中型客车准驾车型资格二年以上、已取得驾驶大型货车准驾车型资格三年以上，或者取得驾驶重型牵引挂车准驾车型资格一年以上，并在申请前最近连续三个记分周期内没有记满12分记录。

正在接受全日制驾驶职业教育的学生，已在校取得驾驶小型汽车准驾车型资格，并在本记分周期和申请前最近一个记分周期内没有记满12分记录的，可以申请增加大型客车、重型牵引挂车准驾车型。

（5）有下列情形之一的，不得申请大型客车、重型牵引挂车、城市公交车、中型客车、大型货车准驾车型：

❶ 发生交通事故造成人员死亡，承担同等以上责任的；

❷ 醉酒后驾驶机动车的；

❸ 再次饮酒后驾驶机动车的；

❹ 有吸食、注射毒品后驾驶机动车行为的，或者有执行社区戒毒、强制隔离戒毒、社区康复措施记录的；

❺ 驾驶机动车追逐竞驶、超员、超速、违反危险化学品安全管理规定运输危险化学品构成犯罪的；

❻ 被吊销或者撤销机动车驾驶证未满十年的；

❼ 未取得机动车驾驶证驾驶机动车，发生负同等以上责任交通事故造成人员重伤或者死亡的。

（6）持有军队、武装警察部队机动车驾驶证，符合本规定的申请条件，可以申请对应准驾车型的机动车驾驶证。

（7）持有境外机动车驾驶证，符合本规定的申请条件，且取得该驾驶证时在核发国家或者地区一年内累计居留九十日以上的，可以申请对应准驾车型的机动车驾驶证。属于申请准驾车型为大型客车、重型牵引挂车、中型客车机动车驾驶证的，还应当取得境外相应准驾车型机动车驾驶证二年以上。

（8）持有境外机动车驾驶证，需要临时驾驶机动车的，应当按规定向车辆管理所申领临时机动车驾驶许可。

对入境短期停留的，可以申领有效期为<u>三个月</u>的临时机动车驾驶许可；停居留时间超过三个月的，有效期可以延长至<u>一年</u>。

临时入境机动车驾驶人的临时机动车驾驶许可在<u>一个记分周期</u>内累积记分达到12分，未按规定参加道路交通安全法律、法规和相关知识学习、考试的，不得申请机动车驾驶证或者再次申请临时机动车驾驶许可。

（9）申领机动车驾驶证的人，按照下列规定向车辆管理所提出申请：

❶ 在户籍所在地居住的，应当在户籍所在地提出申请；

❷ 在户籍所在地以外居住的，可以在居住地提出申请；

❸ 现役军人（含武警），应当在部队驻地提出申请；

❹ 境外人员，应当在居留地或者居住地提出申请；

❺ 申请增加准驾车型的，应当在所持机动车驾驶证核发地提出申请；

❻ 接受全日制驾驶职业教育，申请增加大型客车、重型牵引挂车准驾车型的，应当在接受教育地提出申请。

（10）申请机动车驾驶证，应当确认申请信息，并提交以下证明：

❶ 申请人的身份证明；

❷ 医疗机构出具的有关身体条件的证明。

（11）持军队、武装警察部队机动车驾驶证的人申请机动车驾驶证，应当确认申请信息，并提交以下证明、凭证：

❶ 申请人的身份证明。属于复员、转业、退伍的人员，还应当提交军队、武装警察部队核发的复员、转业、退伍证明；

❷ 医疗机构出具的有关身体条件的证明；

❸ 军队、武装警察部队机动车驾驶证。

（12）持境外机动车驾驶证的人申请机动车驾驶证，应当确认申请信息，并提交以下证明、凭证：

❶ 申请人的身份证明；

❷ 医疗机构出具的有关身体条件的证明；

❸ 所持机动车驾驶证，属于非中文表述的，还应当提供翻译机构出具或者公证机构公证的中文翻译文本。

属于外国驻华使馆、领馆人员及国际组织驻华代表机构人员申请的，按照外交对等原则执行。

属于内地居民申请的，还应当提交申请人的护照或者往来港澳通行证、往来台湾通行证。

（13）实行小型汽车、小型自动挡汽车驾驶证自学直考的地方，申请人可以使用加装安全辅助装置的自备机动车，在具备安全驾驶经历等条件的人员随车指导下，按照公安机关交通管理部门指定的路线、时间学习驾驶技能，按照第（10）条的规定申请相应准驾车型的驾驶证。

小型汽车、小型自动挡汽车驾驶证自学直考管理制度由公安部另行规定。

（14）申请机动车驾驶证的人，符合本规定要求的驾驶许可条件，有下列情形之一的，可以按照第（3）条中对初次申领机动车驾驶证的规定和第（10）条的规定直接申请相应准驾车型的机动车驾驶证考试：

❶ 原机动车驾驶证因超过有效期未换证被注销的；

❷ 原机动车驾驶证因未提交身体条件证明被注销的；

❸ 原机动车驾驶证由本人申请注销的；

❹ 原机动车驾驶证因身体条件暂时不符合规定被注销的；

❺ 原机动车驾驶证或者准驾车型资格因其他原因被注销的，但机动车驾驶证被吊销或者被撤销的除外；

❻ 持有的军队、武装警察部队机动车驾驶证超过有效期的；

❼ 持有境外机动车驾驶证或者境外机动车驾驶证超过有效期的。

有以上第❻项、第❼项规定情形之一的，还应当提交机动车驾驶证。

（15）申请人提交的证明、凭证齐全、符合法定形式的，车辆管理所应当受理，并按规定审查申请人的机动车驾驶证申请条件。属于第（12）条规定情形的，还应当核查申请人的出入境记录；属于第（14）条中第❶～❺项规定情形之一的，还应当核查申请人的驾驶经历；属于正在接受全日制驾驶职业教育的学生，申请增加大型客车、重型牵引挂车准驾车型的，还应当核查申请人的学籍。

公安机关交通管理部门已经实现与医疗机构等单位联网核查的，申请人免于提交身体条件证明等证明、凭证。

对于符合申请条件的，车辆管理所应当按规定安排预约考试；不需要考试的，<u>一日内</u>核发机动车驾驶证。申请人属于复员、转业、退伍人员持军队、武装警察部队机动车驾驶证申请机动车驾驶证的，应当收回军队、武装警察部队机动车驾驶证。

（16）车辆管理所对申请人的申请条件及提交的材料、申告的事项有疑义的，可以对实质内容进行调查核实。

调查时，应当询问申请人并制作询问笔录，向证明、凭证的核发机关核查。

经调查，申请人不符合申请条件的，不予办理；有违法行为的，依法予以处理。

第二节　机动车驾驶人考试

1.考试内容和合格标准

（1）机动车驾驶人考试内容分为道路交通安全法律、法规和相关知识考试科目（以下简称"科目一"）、场地驾驶技能考试科目（以下简称"科目二"）、道路驾驶技能和安全文明驾驶常识考试科目（以下简称"科目三"）。

❶ 已持有小型自动挡汽车准驾车型驾驶证申请增加小型汽车准驾车型的，应当考试科目二和科目三。

❷ 已持有大型客车、城市公交车、中型客车、大型货车、小型汽车、小型自动挡汽车准驾车型驾驶证申请增加轻型牵引挂车准驾车型的，应当考试科目二和科目三安全文明驾驶常识。

❸ 已持有轻便摩托车准驾车型驾驶证申请增加普通三轮摩托车、普通二轮摩托车准驾车型的，或者持有普通二轮摩托车驾驶证申请增加普通三轮摩托车准驾车型的，应当考试科目二和科目三。

❹ 已持有大型客车、重型牵引挂车、城市公交车、中型客车、大型货车、小型汽车、小型自动挡汽车准驾车型驾驶证的机动车驾驶人身体条件发生变化，不符合所持机动车驾驶证准驾车型的条件，但符合残疾人专用小型自动挡载客汽车准驾车型条件，申请变更的，应当考试科目二和科目三。

（2）考试内容和合格标准全国统一，根据不同准驾车型规定相应的考试项目。

（3）科目一考试内容包括：道路通行、交通信号、道路交通安全违法行为和交通事故处理、机动车驾驶证申领和使用、机动车登记等规定以及其他道路交通安全法律、法规和规章。

（4）科目二考试内容包括：

❶ 大型客车、重型牵引挂车、城市公交车、中型客车、大型货车考试桩考、坡道定点停车和起步、侧方停车、通过单边桥、曲线行驶、直角转弯、通过限宽门、窄路掉头，以及模拟高速公路、连续急弯山区路、隧道、雨（雾）天、湿滑路、紧急情况处置；

❷ 小型汽车、低速载货汽车考试倒车入库、坡道定点停车和起步、侧方停车、曲线行驶、直角转弯（图3-1～图3-5）；

❸ 小型自动挡汽车、残疾人专用小型自动挡载客汽车考试倒车入库、侧方停车、曲线行驶、直角转弯；

❹ 轻型牵引挂车考试桩考、曲线行驶、直角转弯；

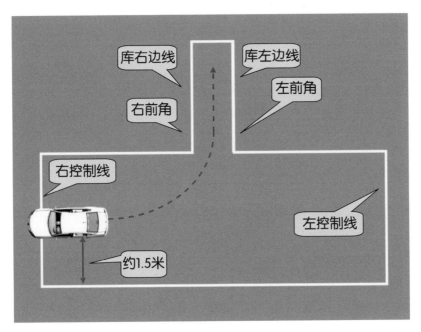

图 3-1　机动车驾驶人考试——倒车入库

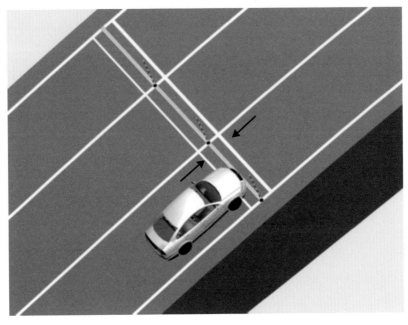

图 3-2　机动车驾驶人考试——坡道定点停车和起步

图 3-3　机动车驾驶人考试——侧方停车

图 3-4　机动车驾驶人考试——曲线行驶

图 3-5　机动车驾驶人考试——直角转弯

❺ 三轮汽车、普通三轮摩托车、普通二轮摩托车和轻便摩托车考试桩考、坡道定点停车和起步、通过单边桥；

❻ 轮式专用机械车、无轨电车、有轨电车的考试内容由省级公安机关交通管理部门确定。

对以上第❶ ~ ❸ 项规定的准驾车型，省级公安机关交通管理部门可以根据实际增加考试内容。

（5）科目三道路驾驶技能考试内容包括：大型客车、重型牵引挂车、城市公交车、中型客车、大型货车、小型汽车、小型自动挡汽车、低速载货汽车和残疾人专用小型自动挡载客汽车考试上车准备、起步、直线行驶、加减挡位操作、变更车道、靠边停车、直行通过路口、路口左转弯、路口右转弯、通过人行横道线、通过学校区域、通过公共汽车站、会车、超车、掉头、夜间行驶；其他准驾车型的考试内容，由省级公安机关交通管理部门确定。

大型客车、重型牵引挂车、城市公交车、中型客车、大型货车考试里程不少于10公里，其中初次申领城市公交车、大型货车准驾车型的，白天考试里程不少于5公里，夜间考试里程不少于3公里。小型汽车、小型自动挡汽车、低速载货汽车、残疾人专用小型自动挡载客汽车考试里程不少于3公里。不进行夜间考试的，应当进行模拟夜间灯光考试。

对大型客车、重型牵引挂车、城市公交车、中型客车、大型货车准驾车型，省级公安机关交通管理部门应当根据实际增加山区、隧道、陡坡等复杂道路驾驶考试内容。对其他汽车准驾车型，省级公安机关交通管理部门可以根据实际增加考试内容。

（6）科目三安全文明驾驶常识考试内容包括：安全文明驾驶操作要求、恶劣气象和复杂道路条件下的安全驾驶知识、爆胎等紧急情况下的临危处置方法、防范次生事故处置知识、伤员急救知识等。

（7）持军队、武装警察部队机动车驾驶证的人申请大型客车、重型牵引挂车、城市公交车、中型客车、大型货车准驾车型机动车驾驶证的，应当考试科目一和科目三；申请其他准驾车型机动车驾驶证的，免于考试，核发机动车驾驶证。

（8）持境外机动车驾驶证申请机动车驾驶证的，应当考试科目一。申请准驾车型为大型客车、重型牵引挂车、城市公交车、中型客车、大型货车机动车驾驶证的，应当考试科目一、科目二和科目三。

属于外国驻华使馆、领馆人员及国际组织驻华代表机构人员申请的，应当按照外交对等原则执行。

（9）各科目考试的合格标准为：

❶ 科目一考试满分为100分，成绩达到90分的为合格；

❷ 科目二考试满分为100分，考试大型客车、重型牵引挂车、城市公交车、中型客车、大型货车、轻型牵引挂车准驾车型的，成绩达到90分的为合格，其他准驾车型的成绩达到80分的为合格；

❸ 科目三道路驾驶技能和安全文明驾驶常识考试满分分别为100分，成绩分别达到90分的为合格。

2.考试要求

（1）车辆管理所应当按照预约的考场和时间安排考试。申请人科目一考试合格后，可以预约科目二或者科目三道路驾驶技能考试。有条件的地方，申请人可以同时预约科目二、科目三道路驾驶技能考试，预约成功后可以连续进行考试。科目二、科目三道路驾驶技能考试均合格后，申请人可以当日参加科目三安全文明驾驶常识考试。

申请人申请大型客车、重型牵引挂车、城市公交车、中型客车、大型货车、轻型牵引挂车驾驶证，因当地尚未设立科目二考场的，可以选择省（自治区）内其他考场参加考试。

申请人申领小型汽车、小型自动挡汽车、低速载货汽车、三轮汽车、残疾人专用小型自动挡载客汽车、轻型牵引挂车驾驶证期间，已通过部分科目考试后，居住地发生变更的，可以申请变更考试地，在现居住地预约其他科目考试。申请变更考试地不得超过三次。

车辆管理所应当使用全国统一的考试预约系统，采用互联网、电话、服务窗口等方式供申请人预约考试。

（2）初次申请机动车驾驶证或者申请增加准驾车型的，科目一考试合格后，车辆管理所应当在一日内核发学习驾驶证明。

属于本节"1.考试内容和合格标准"中第（1）条第❶～❸项规定申请增加准驾车型以及第❹项规定申请变更准驾车型的，受理后直接核发学习驾驶证明。

属于自学直考的，车辆管理所还应当按规定发放学车专用标识。

（3）申请人在场地和道路上学习驾驶，应当按规定取得学习驾驶证明。学习驾驶证明的有效期为三年，但有效期截止日期不得超过申请年龄条件上限。申请人应当在有效期内完成科目二和科目三考试。未在有效期内完成考试的，已考试合格的科目成绩作废。

学习驾驶证明可以采用纸质或者电子形式，纸质学习驾驶证明和电子学习驾驶证明具有同等效力。申请人可以通过互联网交通安全综合服务管理平台打印或者下载学习驾驶证明。

（4）申请人在道路上学习驾驶，应当随身携带学习驾驶证明，使用教练车或者学车专用标识签注的自学用车，在教练员或者学车专用标识签注的指导人员随车指导下，按照公安机关交通管理部门指定的路线、时间进行。

申请人为自学直考人员的，在道路上学习驾驶时，应当在自学用车上按规定放置、粘贴学车专用标识，自学用车不得搭载随车指导人员以外的其他人员。

（5）初次申请机动车驾驶证或者申请增加准驾车型的，申请人预约考试科目二，应当符合下列规定：

❶ 报考小型汽车、小型自动挡汽车、低速载货汽车、三轮汽车、残疾人专用小型自动挡载客汽车、轮式专用机械车、无轨电车、有轨电车准驾车型的，在取得学习驾驶证明满十日后预约考试；

❷ 报考大型客车、重型牵引挂车、城市公交车、中型客车、大型货车、轻型牵引挂车准驾车型的，在取得学习驾驶证明满二十日后预约考试。

（6）初次申请机动车驾驶证或者申请增加准驾车型的，申请人预约考试科目三，应当符合下列规定：

❶ 报考小型自动挡汽车、残疾人专用小型自动挡载客汽车、低速载货汽车、三轮汽车准驾车型的，在取得学习驾驶证明满二十日后预约考试；

❷ 报考小型汽车、轮式专用机械车、无轨电车、有轨电车准驾车型的，在取得学习驾驶证明满三十日后预约考试；

❸ 报考大型客车、重型牵引挂车、城市公交车、中型客车、大型货车准驾车型的，在取得学习驾驶证明满四十日后预约考试。属于已经持有汽车类驾驶证，申请增加准驾车型的，在取得学习驾驶证明满三十日后预约考试。

（7）持军队、武装警察部队或者境外机动车驾驶证申请机动车驾驶证的，应当自车辆管理所受理之日起三年内完成科目考试。

（8）申请人因故不能按照预约时间参加考试的，应当提前一日申请取消预约。对申请人未按照预约考试时间参加考试的，判定该次考试不合格。

（9）每个科目考试一次，考试不合格的，可以补考一次。不参加补考或者补考仍不合格的，本次考试终止，申请人应当重新预约考试，但科目二、科目三考试应当在十日后预约。科目三安全文明驾驶常识考试不合格的，已通过的道路驾驶技能考试成绩有效。

在学习驾驶证明有效期内，科目二和科目三道路驾驶技能考试预约考试的次数分别不得超过五次。第五次考试仍不合格的，已考试合格的其他科目成绩作废。

（10）车辆管理所组织考试前应当使用全国统一的计算机管理系统当日随机选配考试员，随机安排考生分组，随机选取考试路线。

（11）从事考试工作的人员，应当持有公安机关交通管理部门颁发的资格证书。公安机关交通管理部门应当在公安民警、警务辅助人员中选拔足够数量的考试员，从事考试工作。可以聘用运输企业驾驶人、警风警纪监督员等人员承担考试辅助工作和监督职责。

考试员应当认真履行考试职责，严格按照规定考试，接受社会监督。在考试前应当自我介绍，讲解考试要求，核实申请人身份；考试中应当严格执行考试程序，按照考试项目和考试标准评定考试成绩；考试后应当当场公布考试成绩，讲评考试不合格原因。

每个科目的考试成绩单都应当有申请人和考试员的签名。未签名的不得核发机动车驾驶证。

（12）考试员、考试辅助人员及考场工作人员应当严格遵守考试工作纪律，不得为不符合机动车驾驶许可条件、未经考试、考试不合格人员签注合格考试成绩，不得减少考试项目、降低评判标准或者参与、协助、纵容考试作弊，不得参与或者变相参与驾驶培训机构、社会考场经营活动，不得收取驾驶培训机构、社会考场、教练员、申请人的财物。

（13）直辖市、设区的市或者相当于同级的公安机关交通管理部门应当根据本地考试需求建设考场，配备足够数量的考试车辆。对考场布局、数量不能满足本地考试需求的，应当采取政府购买服务等方式使用社会考场，并按照公平竞争、择优选定的原则，依法通过公开招标等程序确定。对考试供给能力能够满足考试需求的，应当及时向社会公告，不再购买社会考场服务。

考试场地建设、路段设置、车辆配备、设施设备配置以及考试项目、评判要求应当符合相关标准。考试场地、考试设备和考试系统应当经省级公安机关交通管理部门验收合格后方可使用。公安机关交通管理部门应当加强对辖区考场的监督管理，定期开展考试场地、考试车辆、考试设备和考场管理情况的监督检查。

3.考试监督管理

（1）车辆管理所应当在办事大厅、候考场所和互联网公开各考场的考试能力、预约计划、预约人数和约考结果等情况，公布考场布局、考试路线和流程。考试预约计划应当至少在考试前十日在互联网上公开。

车辆管理所应当在候考场所、办事大厅向群众直播考试视频，考生可以在考试结束后三日内查询自己的考试视频资料。

（2）车辆管理所应当严格比对、核验考生身份，对考试过程进行全程录音、录像，并实时监控考试过程，没有使用录音、录像设备的，不得组织考试。严肃考试纪律，规范考场秩序，对考场秩序混乱的，应当中止考试。考试过程中，考试员应当使用执法记录仪记录监考过程。

车辆管理所应当建立音视频信息档案，存储录音、录像设备和执法记录仪记录的音像资料。建立考试质量抽查制度，每日抽查音视频信息档案，发现存在违反考试纪律、考场秩序混乱以及音视频信息缺失或者不完整的，应当进行调查处理。

省级公安机关交通管理部门应当定期抽查音视频信息档案，及时通报、纠正、查处发现的问题。

（3）车辆管理所应当根据考试场地、考试设备、考试车辆、考试员数量等实际情况，核定每个考场、每个考试员每日最大考试量。

车辆管理所应当根据驾驶培训主管部门提供的信息对驾驶培训机构教练员、教练车、训练场地等情况进行备案。

（4）公安机关交通管理部门应当建立业务监督管理中心，通过远程监控、数据分析、日常检查、档案抽查、业务回访等方式，对机动车驾驶人考试和机动车驾驶证业务办理情况进行监督管理。

直辖市、设区的市或者相当于同级的公安机关交通管理部门应当通过监管系统每周对机动车驾驶人考试情况进行监控、分析，及时查处、整改发现的问题。省级公安机关交通管理部门应当通过监管系统每月对机动车驾驶人考试情况进行监控、分析，及时查处、通报发现的问题。

车辆管理所存在为未经考试或者考试不合格人员核发机动车驾驶证等严重违规办理机动车驾驶证业务情形的，上级公安机关交通管理部门可以暂停该车辆管理所办理相关业务或者指派其他车辆管理所人员接管业务。

（5）县级公安机关交通管理部门办理机动车驾驶证业务的，办公场所、设施设备、人员资质和信息系统等应当满足业务办理需求，并符合相关规定和标准要求。

直辖市、设区的市公安机关交通管理部门应当加强对县级公安机关交通管理部门办理机动车驾驶证相关业务的指导、培训和监督管理。

（6）公安机关交通管理部门应当对社会考场的场地设施、考试系统、考试工作等进行统一管理。

社会考场的考试系统应当接入机动车驾驶人考试管理系统，实时上传考试过程录音录像、考试成绩等信息。

（7）直辖市、设区的市或者相当于同级的公安机关交通管理部门应当每月向社会公布车辆管理所考试员考试质量情况、三年内驾龄驾驶人交通违法率和交通肇事率等信息。

直辖市、设区的市或者相当于同级的公安机关交通管理部门应当每月向社会公布辖区内驾驶培训机构的考试合格率、三年内驾龄驾驶人交通违法率和交通肇事率等信息，按照考试合格率、三年内驾龄驾驶人交通违法率和交通肇事率对驾驶培训机构培训质量公开排名，并通报培训主管部门。

（8）对三年内驾龄驾驶人发生一次死亡3人以上交通事故且负主要以上责任的，省级公安机关交通管理部门应当倒查车辆管理所考试、发证情况，向社会公布倒查结果。对三年内驾龄驾驶人发生一次死亡1～2人的交通事故且负主要以上责任的，直辖市、设区的市或者相当于同级的公安机关交通管理部门应当组织责任倒查。

直辖市、设区的市或者相当于同级的公安机关交通管理部门发现驾驶培训机构及其教练员存在缩短培训学时、减少培训项目以及贿赂考试员、以承诺考试合格等名义向学员索取财物、参与违规办理驾驶证或者考试舞弊行为的，应当通报培训主管部门，并向社会公布。

公安机关交通管理部门发现考场、考试设备生产销售企业及其工作人员存在组织或者参与考试舞弊、伪造或者篡改考试系统数据的，不得继续使用该考场或者采购该企业考试设备；构成犯罪的，依法追究刑事责任。

第三节 | 发证、换证、补证

（1）申请人考试合格后，应当接受不少于半小时的交通安全文明驾驶常识和交通事故案例警示教育，并参加领证宣誓仪式。

车辆管理所应当在申请人参加领证宣誓仪式的当日核发机动车驾驶证。

（2）公安机关交通管理部门应当实行机动车驾驶证电子化，机动车驾驶人可以通过互联网交通安全综合服务管理平台申请机动车驾驶证电子版。

机动车驾驶证电子版与纸质版具有同等效力。

（3）机动车驾驶人在机动车驾驶证的六年有效期内，每个记分周期均未记满12分的，换发十年有效期的机动车驾驶证；在机动车驾驶证的十年有效期内，每个记分周期均未记满12分的，换发长期有效的机动车驾驶证。

（4）机动车驾驶人应当于机动车驾驶证有效期满前九十日内，向机动车驾驶证核发地或者核发地以外的车辆管理所申请换证。申请时应当确认申请信息，并提交以下证明、凭证：

❶ 机动车驾驶人的身份证明；

❷ 医疗机构出具的有关身体条件的证明。

（5）机动车驾驶人户籍迁出原车辆管理所管辖区的，应当向迁入地车辆管理所申请换证。机动车驾驶人在核发地车辆管理所管辖区以外居住的，可以向居住地车辆管理所申请换证。申请时应当确认申请信息，提交机动车驾驶人的身份证明和机动车驾驶证，并申报身体条件情况。

（6）年龄在60周岁以上的，不得驾驶大型客车、重型牵引挂车、城市公交车、中型客车、大型货车、轮式专用机械车、无轨电车和有轨电车。持有大型客车、重型牵引挂车、城市公交车、中型客车、大型货车驾驶证的，应当到机动车驾驶证核发地或者核发地以外的车辆管理所换领准驾车型为小型汽车或者小型自动挡汽车的机动车驾驶证，其中属于持有重型牵引挂车驾驶证的，还可以保留轻型牵引挂车准驾车型。

年龄在70周岁以上的，不得驾驶低速载货汽车、三轮汽车、轻型牵引挂车、普通三轮摩托车、普通二轮摩托车。持有普通三轮摩托车、普通二轮摩托车驾驶证的，应当到机动车驾驶证核发地或者核发地以外的车辆管理所换领准驾车型为轻便摩托车的机动车驾驶证；持有驾驶证包含轻型牵引挂车准驾车型的，应当到机动车驾驶证核发地或者核发地以外的车辆管理所换领准驾车型为小型汽车或者小型自动挡汽车的机动车驾驶证。

有以上情形之一的，车辆管理所应当通知机动车驾驶人在三十日内办理换证业务。机动车驾驶人逾期未办理的，车辆管理所应当公告准驾车型驾驶资格作废。

申请时应当确认申请信息，并提交第（4）条规定的证明、凭证。

机动车驾驶人自愿降低准驾车型的，应当确认申请信息，并提交机动车驾驶人的身份证明和机动车驾驶证。

（7）有下列情形之一的，机动车驾驶人应当在三十日内到机动车驾驶证核发地或者核发地以外的车辆管理所申请换证：

❶ 在车辆管理所管辖区域内，机动车驾驶证记载的机动车驾驶人信息发生变化的；

❷ 机动车驾驶证损毁无法辨认的。

申请时应当确认申请信息，并提交机动车驾驶人的身份证明；属于第❶项的，还应当提交机动车驾驶证；属于身份证明号码变更的，还应当提交相关变更证明。

（8）机动车驾驶人身体条件发生变化或者机动车驾驶人身体条件不适合驾驶机动车的：

❶ 机动车驾驶人身体条件发生变化，不符合所持机动车驾驶证准驾车型的条件，但符合准予驾驶的其他准驾车型条件的，应当在三十日内到机动车驾驶证核发地或者核发地以外的车辆管理所申请降低准驾车型。申请时应当确认申请信息，并提交机动车驾驶人的身份证明、医疗机构出具的有关身体条件的证明。

❷ 机动车驾驶人身体条件发生变化，不符合本章第一节"2.申请"中第（1）条第❷项规定或者具有第（3）条规定情形之一，不适合驾驶机动车的，应当在三十日内到机动车驾驶证核发地车辆管理所申请注销。申请时应当确认申请信息，并提交机动车驾驶人的身份证明和机动车驾驶证。

❸ 机动车驾驶人身体条件不适合驾驶机动车的，不得驾驶机动车。

（9）车辆管理所对符合第（4）~（7）条、第（8）条第❶项规定的，应当在一日内换发机动车驾驶证。对符合第（8）条第❷项规定的，应当在一日内注销机动车驾驶证。其中，对符合第（5）条、第（6）条、第（7）条第一款第❶项、第（8）条规定的，还应当收回原机动车驾驶证。

（10）机动车驾驶证遗失的，机动车驾驶人应当向机动车驾驶证核发地或者核发地以外的车辆管理所申请补发。申请时应当确认申请信息，并提交机动车驾驶人的身份证明。符合规定的，车辆管理所应当在一日内补发机动车驾驶证。

机动车驾驶人补领机动车驾驶证后，原机动车驾驶证作废，不得继续使用。

机动车驾驶证被依法扣押、扣留或者暂扣期间，机动车驾驶人不得申请补发。

（11）机动车驾驶人向核发地以外的车辆管理所申请办理第（4）条、第（6）条、第（7）条、第（8）条第❶项、第（10）条规定的换证、补证业务时，应当同时按照第（5）条规定办理。

第四节｜机动车驾驶人管理

1. 审验

（1）公安机关交通管理部门对机动车驾驶人的道路交通安全违法行为，除依法给予行政处罚外，实行道路交通安全违法行为累积记分制度，记分周期为12个月，满分为12分。

机动车驾驶人在一个记分周期内记分达到12分的，应当按规定参加学习、考试。

（2）机动车驾驶人应当按照法律、行政法规的规定，定期到公安机关交通管理部门接受审验。

❶ 机动车驾驶人按照本章第三节中第（4）条和第（5）条规定换领

机动车驾驶证时，应当接受公安机关交通管理部门的审验。

❷ 持有大型客车、重型牵引挂车、城市公交车、中型客车、大型货车驾驶证的驾驶人，应当在每个记分周期结束后三十日内到公安机关交通管理部门接受审验。但在一个记分周期内没有记分记录的，免予本记分周期审验。

❸ 持有第❷项规定以外准驾车型驾驶证的驾驶人，发生交通事故造成人员死亡承担同等以上责任未被吊销机动车驾驶证的，应当在本记分周期结束后三十日内到公安机关交通管理部门接受审验。

❹ 年龄在70周岁以上的机动车驾驶人发生责任交通事故造成人员重伤或者死亡的，应当在本记分周期结束后三十日内到公安机关交通管理部门接受审验。

❺ 机动车驾驶人可以在机动车驾驶证核发地或者核发地以外的地方参加审验、提交身体条件证明。

（3）机动车驾驶证审验内容包括：

❶ 道路交通安全违法行为、交通事故处理情况；

❷ 身体条件情况；

❸ 道路交通安全违法行为记分及记满12分后参加学习和考试情况。

持有大型客车、重型牵引挂车、城市公交车、中型客车、大型货车驾驶证一个记分周期内有记分的，以及持有其他准驾车型驾驶证发生交通事故造成人员死亡承担同等以上责任未被吊销机动车驾驶证的驾驶人，审验时应当参加不少于三小时的道路交通安全法律法规、交通安全文明驾驶、应急处置等知识学习，并接受交通事故案例警示教育。

年龄在70周岁以上的机动车驾驶人审验时还应当按照规定进行记忆力、判断力、反应力等能力测试。

对道路交通安全违法行为或者交通事故未处理完毕的，身体条件不符合驾驶许可条件的，未按照规定参加学习、教育和考试的，不予通过审验。

（4）年龄在70周岁以上的机动车驾驶人，应当每年进行一次身体检查，在记分周期结束后三十日内，提交医疗机构出具的有关身体条件的证明。

持有残疾人专用小型自动挡载客汽车驾驶证的机动车驾驶人，应当每三年进行一次身体检查，在记分周期结束后三十日内，提交医疗机构出具的有关身体条件的证明。

持有大型客车、重型牵引挂车、城市公交车、中型客车、大型货车驾驶证的驾驶人参加审验时，应当申报身体条件情况；持有大型客车、重型牵引挂车、城市公交车、中型客车、大型货车以外准驾车型驾驶证的驾驶人，发生交通事故造成人员死亡，承担同等以上责任未被吊销机动车驾驶证的，参加审验时，也应当申报身体条件情况。

（5）机动车驾驶人因服兵役、出国（境）等原因，无法在规定时间内办理驾驶证期满换证、审验、提交身体条件证明的，可以在驾驶证有效期内或者有效期届满一年内向机动车驾驶证核发地车辆管理所申请延期办理。申请时应当确认申请信息，并提交机动车驾驶人的身份证明。

延期期限最长不超过三年。延期期间机动车驾驶人不得驾驶机动车。

2.监督管理

（1）机动车驾驶人初次取得汽车类准驾车型或者初次取得摩托车类准驾车型后的12个月为实习期。

在实习期内驾驶机动车的，应当在车身后部粘贴或者悬挂统一式样的实习标志。

（2）机动车驾驶人在实习期内不得驾驶公共汽车、营运客车或者执行任务的警车、消防车、救护车、工程救险车以及载有爆炸物品、易燃易爆化学物品、剧毒或者放射性等危险物品的机动车；驾驶的机动车不得牵引挂车。

驾驶人在实习期内驾驶机动车上高速公路行驶，应当由持相应或者包含其准驾车型驾驶证三年以上的驾驶人陪同。其中，驾驶残疾人专用小型自动挡载客汽车的，可以由持有小型自动挡载客汽车以上准驾车型驾驶证的驾驶人陪同。

在增加准驾车型后的实习期内，驾驶原准驾车型的机动车时不受上述限制。

（3）持有准驾车型为残疾人专用小型自动挡载客汽车的机动车驾驶人驾驶机动车时，应当按规定在车身设置残疾人机动车专用标志。

有听力障碍的机动车驾驶人驾驶机动车时，应当佩戴助听设备。有视力矫正的机动车驾驶人驾驶机动车时，应当佩戴眼镜。

（4）机动车驾驶人有下列情形之一的，车辆管理所应当注销其机动车驾驶证：

❶ 死亡的；

❷ 提出注销申请的；

❸ 丧失民事行为能力，监护人提出注销申请的；

❹ 身体条件不适合驾驶机动车的；

❺ 有器质性心脏病、癫痫病、美尼尔氏症、眩晕症、癔病、震颤麻痹（帕金森病）、精神病、痴呆以及影响肢体活动的神经系统疾病等妨碍安全驾驶疾病的；

❻ 被查获有吸食、注射毒品后驾驶机动车行为，依法被责令社区戒毒、社区康复或者决定强制隔离戒毒，或者长期服用依赖性精神药品成瘾尚未戒除的；

❼ 代替他人参加机动车驾驶人考试的；

❽ 超过机动车驾驶证有效期一年以上未换证的；

❾ 年龄在70周岁以上，在一个记分周期结束后一年内未提交身体条件证明的，或者持有残疾人专用小型自动挡载客汽车准驾车型，在三个记分周期结束后一年内未提交身体条件证明的；

❿ 年龄在60周岁以上，所持机动车驾驶证只具有轮式专用机械车、无轨电车或者有轨电车准驾车型，或者年龄在70周岁以上，所持机动车驾驶证只具有低速载货汽车、三轮汽车准驾车型的；

⓫ 机动车驾驶证依法被吊销或者驾驶许可依法被撤销的。

有第❷ ～ ⓫项情形之一，未收回机动车驾驶证的，应当公告机动车驾驶证作废。

有第❽项情形被注销机动车驾驶证未超过二年的，机动车驾驶人参加道路交通安全法律、法规和相关知识考试合格后，可以恢复驾驶资格。申请人可以向机动车驾驶证核发地或者核发地以外的车辆管理所申请。

有第❾项情形被注销机动车驾驶证，机动车驾驶证在有效期内或者超过有效期不满一年的，机动车驾驶人提交身体条件证明后，可以恢复驾驶资格。申请人可以向机动车驾驶证核发地或者核发地以外的车辆管理所申请。

有第❷ ～ ❾项情形之一，按规定申请机动车驾驶证，有道路交通安全违法行为或者交通事故未处理记录的，应当将道路交通安全违法行为、交通事故处理完毕。

（5）机动车驾驶人在实习期内发生的道路交通安全违法行为被记满12分的，注销其实习的准驾车型驾驶资格。

（6）机动车驾驶人联系电话、联系地址等信息发生变化的，应当在信息变更后三十日内，向驾驶证核发地车辆管理所备案。

持有大型客车、重型牵引挂车、城市公交车、中型客车、大型货车驾驶证的驾驶人从业单位等信息发生变化的，应当在信息变更后三十日内，向从业单位所在地车辆管理所备案。

（7）道路运输企业应当定期将聘用的机动车驾驶人向所在地公安机关交通管理部门备案，督促及时处理道路交通安全违法行为、交通事故和参加机动车驾驶证审验。

公安机关交通管理部门应当每月向辖区内交通运输主管部门、运输企业通报机动车驾驶人的道路交通安全违法行为、记分和交通事故等情况。

（8）车辆管理所在办理驾驶证核发及相关业务过程中发现存在以下情形的，应当及时开展调查：

❶ 涉嫌提交虚假申请材料的；

❷ 涉嫌在考试过程中有贿赂、舞弊行为的；

❸ 涉嫌以欺骗、贿赂等不正当手段取得机动车驾驶证的；

❹ 涉嫌使用伪造、变造的机动车驾驶证的；

❺ 存在短期内频繁补换领、转出转入驾驶证等异常情形的；

❻ 存在其他违法违规情形的。

车辆管理所发现申请人通过互联网办理驾驶证补证、换证等业务存在以上嫌疑情形的，应当转为现场办理，当场审查申请材料，及时开展调查。

（9）车辆管理所开展调查时，可以通知申请人协助调查，询问嫌疑情况，记录调查内容，并可以采取实地检查、调取档案、调取考试视频监控等方式进行核查。

对经调查发现涉及行政案件或者刑事案件的，应当依法采取必要的强制措施或者其他处置措施，移交有管辖权的公安机关，按照《公安机关办理行政案件程序规定》《公安机关办理刑事案件程序规定》等规定办理。

（10）办理残疾人专用小型自动挡载客汽车驾驶证业务时，提交的身体条件证明应当由经省级卫生健康行政部门认定的专门医疗机构出具。办理其他机动车驾驶证业务时，提交的身体条件证明应当由县级、部队团级以上医疗机构，或者经地市级以上卫生健康行政部门认定的具有健康体检资质的二级以上医院、乡镇卫生院、社区卫生服务中心、健康体检中心等医疗机构出具。

身体条件证明自出具之日起六个月内有效。

公安机关交通管理部门应当会同卫生健康行政部门在办公场所和互联网公示辖区内可以出具有关身体条件证明的医疗机构名称、地址及联系方式。

（11）医疗机构出具虚假身体条件证明的，公安机关交通管理部门应当停止认可该医疗机构出具的证明，并通报卫生健康行政部门。

3.校车驾驶人管理

（1）校车驾驶人应当依法取得校车驾驶资格。

取得校车驾驶资格应当符合下列条件：

❶ 取得相应准驾车型驾驶证并具有三年以上驾驶经历，年龄在25周岁以上、不超过60周岁；

❷ 最近连续三个记分周期内没有被记满12分记录；

❸ 无致人死亡或者重伤的交通事故责任记录；

❹ 无酒后驾驶或者醉酒驾驶机动车记录，最近一年内无驾驶客运车辆超员、超速等严重道路交通安全违法行为记录；

❺ 无犯罪记录；

❻ 身心健康，无传染性疾病，无癫痫病、精神病等可能危及行车安全的疾病病史，无酗酒、吸毒行为记录。

（2）机动车驾驶人申请取得校车驾驶资格，应当向县级或者设区的市级公安机关交通管理部门提出申请，确认申请信息，并提交以下证明、凭证：

❶ 申请人的身份证明；

❷ 机动车驾驶证；

❸ 医疗机构出具的有关身体条件的证明。

（3）公安机关交通管理部门自受理申请之日起五日内审查提交的证明、凭证，并向所在地县级公安机关核查，确认申请人无犯罪、吸毒行为记录。对符合条件的，在机动车驾驶证上签注准许驾驶校车及相应车型，并通报教育行政部门；不符合条件的，应当书面说明理由。

（4）校车驾驶人应当在每个记分周期结束后三十日内到公安机关交通管理部门接受审验。审验时，应当提交医疗机构出具的有关身体条件的证明，参加不少于三小时的道路交通安全法律法规、交通安全文明驾驶、应急处置等知识学习，并接受交通事故案例警示教育。

（5）公安机关交通管理部门应当与教育行政部门和学校建立校车驾

驶人的信息交换机制，每月通报校车驾驶人的交通违法、交通事故和审验等情况。

（6）校车驾驶人有下列情形之一的，公安机关交通管理部门应当注销其校车驾驶资格，通知机动车驾驶人换领机动车驾驶证，并通报教育行政部门和学校：

❶ 提出注销申请的；

❷ 年龄超过60周岁的；

❸ 在致人死亡或者重伤的交通事故中负有责任的；

❹ 有酒后驾驶或者醉酒驾驶机动车，以及驾驶客运车辆超员、超速等严重道路交通安全违法行为的；

❺ 有记满12分或者犯罪记录的；

❻ 有传染性疾病，癫痫病、精神病等可能危及行车安全的疾病，有酗酒、吸毒行为记录的。

未收回签注校车驾驶许可的机动车驾驶证的，应当公告其校车驾驶资格作废。

第五节 | 法律责任

（1）申请人隐瞒有关情况或者提供虚假材料申领机动车驾驶证的，公安机关交通管理部门不予受理或者不予办理，处五百元以下罚款；申请人在一年内不得再次申领机动车驾驶证。

申请人在考试过程中有贿赂、舞弊行为的，取消考试资格，已经通过考试的其他科目成绩无效，公安机关交通管理部门处二千元以下罚款；申请人在一年内不得再次申领机动车驾驶证。

申请人以欺骗、贿赂等不正当手段取得机动车驾驶证的，公安机关交通管理部门收缴机动车驾驶证，撤销机动车驾驶许可，处二千元以下罚款；申请人在三年内不得再次申领机动车驾驶证。

组织、参与实施以上行为之一牟取经济利益的，由公安机关交通管理部门处违法所得三倍以上五倍以下罚款，但最高不超过十万元。

申请人隐瞒有关情况或者提供虚假材料申请校车驾驶资格的，公安机关交通管理部门不予受理或者不予办理，处五百元以下罚款；申请人在一年内不得再次申请校车驾驶资格。申请人以欺骗、贿赂等不正当手段取得校车驾驶资格的，公安机关交通管理部门撤销校车驾驶资格，处二千元以下罚款；申请人在三年内不得再次申请校车驾驶资格。

（2）申请人在教练员或者学车专用标识签注的指导人员随车指导下，使用符合规定的机动车学习驾驶中有道路交通安全违法行为或者发生交通事故的，按规定由教练员或者随车指导人员承担责任。

（3）申请人在道路上学习驾驶时，有下列情形之一的，由公安机关交通管理部门对教练员或者随车指导人员处二十元以上二百元以下罚款：

❶ 未按照公安机关交通管理部门指定的路线、时间进行的；

❷ 未按规定放置、粘贴学车专用标识的。

（4）申请人在道路上学习驾驶时，有下列情形之一的，由公安机关交通管理部门对教练员或者随车指导人员处二百元以上五百元以下罚款：

❶ 未使用符合规定的机动车的；

❷ 自学用车搭载随车指导人员以外的其他人员的。

（5）申请人在道路上学习驾驶时，有下列情形之一的，由公安机关交通管理部门按相关规定予以处罚：

❶ 未取得学习驾驶证明的；

❷ 没有教练员或者随车指导人员的；

❸ 由不符合规定的人员随车指导的。

将机动车交由有以上规定情形之一的申请人驾驶的，由公安机关交通管理部门按相关规定予以处罚。

（6）机动车驾驶人有下列行为之一的，由公安机关交通管理部门处二十元以上二百元以下罚款：

❶ 机动车驾驶人补换领机动车驾驶证后，继续使用原机动车驾驶

证的;

❷ 在实习期内驾驶机动车不符合本节"2.监督管理"中第(2)条规定的;

❸ 持有大型客车、重型牵引挂车、城市公交车、中型客车、大型货车驾驶证的驾驶人,未按规定申报变更信息的。

有以上第❶项规定情形的,由公安机关交通管理部门收回原机动车驾驶证。

(7)机动车驾驶人有下列行为之一的,由公安机关交通管理部门处二百元以上五百元以下罚款:

❶ 机动车驾驶证被依法扣押、扣留或者暂扣期间,采用隐瞒、欺骗手段补领机动车驾驶证的;

❷ 机动车驾驶人身体条件发生变化不适合驾驶机动车,仍驾驶机动车的;

❸ 逾期不参加审验仍驾驶机动车的。

有以上第❶项、第❷项规定情形之一的,由公安机关交通管理部门收回机动车驾驶证。

(8)机动车驾驶人参加审验教育时在签注学习记录、学习过程中弄虚作假的,相应学习记录无效,重新参加审验学习,由公安机关交通管理部门处一千元以下罚款。

代替实际机动车驾驶人参加审验教育的,由公安机关交通管理部门处二千元以下罚款。

组织他人实施前两款行为之一,有违法所得的,由公安机关交通管理部门处违法所得三倍以下罚款,但最高不超过二万元;没有违法所得的,由公安机关交通管理部门处二万元以下罚款。

(9)省、自治区、直辖市公安厅、局可以根据本地区的实际情况,在本规定的处罚幅度范围内,制定具体的执行标准。

对本规定的道路交通安全违法行为的处理程序按照《道路交通安全违法行为处理程序规定》执行。

（10）公安机关交通管理部门及其交通警察、警务辅助人员办理机动车驾驶证业务、开展机动车驾驶人考试工作，应当接受监察机关、公安机关督察审计部门等依法实施的监督。

公安机关交通管理部门及其交通警察、警务辅助人员办理机动车驾驶证业务、开展机动车驾驶人考试工作，应当自觉接受社会和公民的监督。

（11）交通警察有下列情形之一的，按照有关规定给予处分，聘用人员有下列情形之一的予以解聘，构成犯罪的，依法追究刑事责任：

❶ 为不符合机动车驾驶许可条件、未经考试、考试不合格人员签注合格考试成绩或者核发机动车驾驶证的；

❷ 减少考试项目、降低评判标准或者参与、协助、纵容考试作弊的；

❸ 为不符合规定的申请人发放学习驾驶证明、学车专用标识的；

❹ 与非法中介串通牟取经济利益的；

❺ 违反规定侵入机动车驾驶证管理系统，泄漏、篡改、买卖系统数据，或者泄漏系统密码的；

❻ 违反规定向他人出售或者提供机动车驾驶证信息的；

❼ 参与或者变相参与驾驶培训机构、社会考场、考试设备生产销售企业经营活动的；

❽ 利用职务上的便利索取、收受他人财物或者牟取其他利益的。

交通警察未按规定使用执法记录仪的，根据情节轻重给予处分。

公安机关交通管理部门有以上所列行为之一的，按照有关规定对直接负责的主管人员和其他直接责任人员给予相应的处分。

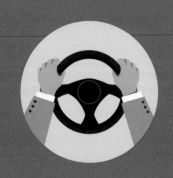

第四章
道路交通安全违法
行为记分管理办法
（公安部令第163号，自2022年4月1日起施行）

第一节 | 记分分值

（1）根据交通违法行为的严重程度，一次记分的分值为12分、9分、6分、3分、1分。

（2）机动车驾驶人有下列交通违法行为之一，一次记12分：

❶ 饮酒后驾驶机动车的；

❷ 造成致人轻伤以上或者死亡的交通事故后逃逸，尚不构成犯罪的；

❸ 使用伪造、变造的机动车号牌、行驶证、驾驶证、校车标牌或者使用其他机动车号牌、行驶证的；

❹ 驾驶校车、公路客运汽车、旅游客运汽车载人超过核定人数百分之二十以上，或者驾驶其他载客汽车载人超过核定人数百分之百以上的；

❺ 驾驶校车、中型以上载客载货汽车、危险物品运输车辆在高速公路、城市快速路上行驶超过规定时速百分之二十以上，或者驾驶其他机动车在高速公路、城市快速路上行驶超过规定时速百分之五十以上的；

❻ 驾驶机动车在高速公路、城市快速路上倒车、逆行、穿越中央分隔带掉头的；

❼ 代替实际机动车驾驶人接受交通违法行为处罚和记分牟取经济利

益的。

（3）机动车驾驶人有下列交通违法行为之一，一次记9分：

❶ 驾驶7座以上载客汽车载人超过核定人数百分之五十以上未达到百分之百的；

❷ 驾驶校车、中型以上载客载货汽车、危险物品运输车辆在高速公路、城市快速路以外的道路上行驶超过规定时速百分之五十以上的；

❸ 驾驶机动车在高速公路或者城市快速路上违法停车的；

❹ 驾驶未悬挂机动车号牌或者故意遮挡、污损机动车号牌的机动车上道路行驶的（图4-1）；

图4-1　道路交通安全违法行为记分管理办法——故意遮挡机动车号牌

❺ 驾驶与准驾车型不符的机动车的；

❻ 未取得校车驾驶资格驾驶校车的；

❼ 连续驾驶中型以上载客汽车、危险物品运输车辆超过4小时未停车休息或者停车休息时间少于20分钟的。

（4）机动车驾驶人有下列交通违法行为之一，一次记6分：

❶ 驾驶校车、公路客运汽车、旅游客运汽车载人超过核定人数未达到百分之二十，或者驾驶7座以上载客汽车载人超过核定人数百分之二十以上未达到百分之五十，或者驾驶其他载客汽车载人超过核定人数百分之五十以上未达到百分之百的；

❷ 驾驶校车、中型以上载客载货汽车、危险物品运输车辆在高速公路、城市快速路上行驶超过规定时速未达到<u>百分之二十</u>，或者在高速公路、城市快速路以外的道路上行驶超过规定时速<u>百分之二十以上</u>未达到<u>百分之五十</u>的；

❸ 驾驶校车、中型以上载客载货汽车、危险物品运输车辆以外的机动车在高速公路、城市快速路上行驶超过规定时速<u>百分之二十以上</u>未达到<u>百分之五十</u>，或者在高速公路、城市快速路以外的道路上行驶超过规定时速<u>百分之五十以上</u>的；

❹ 驾驶载货汽车载物超过最大允许总质量<u>百分之五十以上</u>的；

❺ 驾驶机动车载运爆炸物品、易燃易爆化学物品以及剧毒、放射性等危险物品，未按指定的时间、路线、速度行驶或者未悬挂警示标志并采取必要的安全措施的；

❻ 驾驶机动车运载超限的不可解体的物品，未按指定的时间、路线、速度行驶或者未悬挂警示标志的；

❼ 驾驶机动车运输危险化学品，未经批准进入危险化学品运输车辆限制通行的区域的；

❽ 驾驶机动车不按交通信号灯指示通行的；

❾ 机动车驾驶证被暂扣或者扣留期间驾驶机动车的；

❿ 造成致人轻微伤或者财产损失的交通事故后逃逸，尚不构成犯罪的；

⓫ 驾驶机动车在高速公路或者城市快速路上违法占用应急车道行驶的（图4-2）。

（5）机动车驾驶人有下列交通违法行为之一，一次记3分：

❶ 驾驶校车、公路客运汽车、旅游客运汽车、<u>7座</u>以上载客汽车以外的其他载客汽车载人超过核定人数<u>百分之二十以上</u>未达到<u>百分之五十</u>的；

❷ 驾驶校车、中型以上载客载货汽车、危险物品运输车辆以外的机动车在高速公路、城市快速路以外的道路上行驶超过规定时速<u>百分之二十以上</u>未达到<u>百分之五十</u>的；

图 4-2　道路交通安全违法行为记分管理办法——违法占用应急车道行驶

❸ 驾驶机动车在高速公路或者城市快速路上不按规定车道行驶的；

❹ 驾驶机动车不按规定超车、让行，或者在高速公路、城市快速路以外的道路上逆行的；

❺ 驾驶机动车遇前方机动车停车排队或者缓慢行驶时，借道超车或者占用对面车道、穿插等候车辆的；

❻ 驾驶机动车有拨打、接听手持电话等妨碍安全驾驶的行为的（图4-3）；

图 4-3　道路交通安全违法行为记分管理办法——妨碍安全驾驶行为

⑦ 驾驶机动车行经人行横道不按规定减速、停车、避让行人的；

⑧ 驾驶机动车不按规定避让校车的；

⑨ 驾驶载货汽车载物超过最大允许总质量百分之三十以上未达到百分之五十的，或者违反规定载客的；

⑩ 驾驶不按规定安装机动车号牌的机动车上道路行驶的；

⑪ 在道路上车辆发生故障、事故停车后，不按规定使用灯光或者设置警告标志的；

⑫ 驾驶未按规定定期进行安全技术检验的公路客运汽车、旅游客运汽车、危险物品运输车辆上道路行驶的；

⑬ 驾驶校车上道路行驶前，未对校车车况是否符合安全技术要求进行检查，或者驾驶存在安全隐患的校车上道路行驶的；

⑭ 连续驾驶载货汽车超过4小时未停车休息或者停车休息时间少于20分钟的；

⑮ 驾驶机动车在高速公路上行驶低于规定最低时速的。

（6）机动车驾驶人有下列交通违法行为之一，一次记1分：

❶ 驾驶校车、中型以上载客载货汽车、危险物品运输车辆在高速公路、城市快速路以外的道路上行驶超过规定时速百分之十以上未达到百分之二十的；

❷ 驾驶机动车不按规定会车，或者在高速公路、城市快速路以外的道路上不按规定倒车、掉头的；

❸ 驾驶机动车不按规定使用灯光的；

❹ 驾驶机动车违反禁令标志、禁止标线指示的；

❺ 驾驶机动车载货长度、宽度、高度超过规定的；

❻ 驾驶载货汽车载物超过最大允许总质量未达到百分之三十的；

❼ 驾驶未按规定定期进行安全技术检验的公路客运汽车、旅游客运汽车、危险物品运输车辆以外的机动车上道路行驶的；

❽ 驾驶擅自改变已登记的结构、构造或者特征的载货汽车上道路行驶的；

❾ 驾驶机动车在道路上行驶时，机动车驾驶人未按规定系安全带的；

❿ 驾驶摩托车，不戴安全头盔的。

第二节 | 记分执行

（1）公安机关交通管理部门对机动车驾驶人的交通违法行为，在做出行政处罚决定的同时予以记分。

对机动车驾驶人做出处罚前，应当在告知拟做出的行政处罚决定的同时，告知该交通违法行为的记分分值，并在处罚决定书上载明。

（2）机动车驾驶人有两起以上交通违法行为应当予以记分的，记分分值累积计算。

机动车驾驶人可以一次性处理完毕同一辆机动车的多起交通违法行为记录，记分分值累积计算。累积记分未满12分的，可以处理其驾驶的其他机动车的交通违法行为记录；累积记分满12分的，不得再处理其他机动车的交通违法行为记录。

（3）机动车驾驶人在一个记分周期期限届满，累积记分未满12分的，该记分周期内的记分予以清除；累积记分虽未满12分，但有罚款逾期未缴纳的，该记分周期内尚未缴纳罚款的交通违法行为记分分值转入下一记分周期。

（4）行政处罚决定被依法变更或者撤销的，相应记分应当变更或者撤销。

第三节 | 满分处理

（1）机动车驾驶人在一个记分周期内累积记分满12分的，公安机关交通管理部门应当扣留其机动车驾驶证，开具强制措施凭证，并送达满分教育通知书，通知机动车驾驶人参加满分学习、考试。

临时入境的机动车驾驶人在一个记分周期内累积记分满12分的，公安机关交通管理部门应当注销其临时机动车驾驶许可，并送达满分教育通知书。

（2）机动车驾驶人在一个记分周期内累积记分满12分的，应当参加为期七天的道路交通安全法律、法规和相关知识学习。其中，大型客车、重型牵引挂车、城市公交车、中型客车、大型货车驾驶人应当参加为期三十天的道路交通安全法律、法规和相关知识学习。

机动车驾驶人在一个记分周期内参加满分教育的次数每增加一次或者累积记分每增加12分，道路交通安全法律、法规和相关知识的学习时间增加七天，每次满分学习的时间最多六十天。其中，大型客车、重型牵引挂车、城市公交车、中型客车、大型货车驾驶人在一个记分周期内参加满分教育的次数每增加一次或者累积记分每增加12分，道路交通安全法律、法规和相关知识的学习时间增加三十天，每次满分学习的时间最多一百二十天。

（3）道路交通安全法律、法规和相关知识学习包括现场学习、网络学习和自主学习。网络学习应当通过公安机关交通管理部门互联网学习教育平台进行。

机动车驾驶人参加现场学习、网络学习的时间累计不得少于五天，其中，现场学习的时间不得少于二天。大型客车、重型牵引挂车、城市公交车、中型客车、大型货车驾驶人参加现场学习、网络学习的时间累计不得少于十天，其中，现场学习的时间不得少于五天。满分学习的剩余时间通过自主学习完成。

机动车驾驶人单日连续参加现场学习超过三小时或者参加网络学习时间累计超过三小时的，按照一天计入累计学习时间。同日既参加现场学习又参加网络学习的，学习时间不累积计算。

（4）机动车驾驶人可以在机动车驾驶证核发地或者交通违法行为发生地、处理地参加公安机关交通管理部门组织的道路交通安全法律、法规和相关知识学习，并在学习地参加考试。

（5）机动车驾驶人在一个记分周期内累积记分满12分，符合相关规定的，可以预约参加道路交通安全法律、法规和相关知识考试。考试不合格的，十日后预约重新考试。

（6）机动车驾驶人在一个记分周期内二次累积记分满12分或者累积记分满24分未满36分的，应当在道路交通安全法律、法规和相关知识考试合格后，按照《机动车驾驶证申领和使用规定》预约参加道路驾驶技能考试。考试不合格的，十日后预约重新考试。

机动车驾驶人在一个记分周期内三次以上累积记分满12分或者累积记分满36分的，应当在道路交通安全法律、法规和相关知识考试合格后，按照《机动车驾驶证申领和使用规定》[本书第三章第二节"2.考试要求"中第（5）条和第（6）条]的规定预约参加场地驾驶技能及道路驾驶技能考试。考试不合格的，十日后预约重新考试。

（7）机动车驾驶人经满分学习、考试合格且罚款已缴纳的，记分予以清除，发还机动车驾驶证。机动车驾驶人同时被处以暂扣机动车驾驶证的，在暂扣期限届满后发还机动车驾驶证。

（8）满分学习、考试内容应当按照机动车驾驶证载明的准驾车型确定。

第四节│记分减免

（1）机动车驾驶人处理完交通违法行为记录后累积记分未满12分，参加公安机关交通管理部门组织的交通安全教育并达到规定要求的，可以申请在机动车驾驶人现有累积记分分值中扣减记分。在一个记分周期内累计最高扣减6分。

（2）机动车驾驶人申请接受交通安全教育扣减交通违法行为记分的，公安机关交通管理部门应当受理。但有以下情形之一的，不予受理：

❶ 在本记分周期内或者上一个记分周期内，机动车驾驶人有二次以上参加满分教育记录的；

❷ 在最近三个记分周期内，机动车驾驶人因造成交通事故后逃逸，或者饮酒后驾驶机动车，或者使用伪造、变造的机动车号牌、行驶证、驾驶证、校车标牌，或者使用其他机动车号牌、行驶证，或者买分卖分受到过处罚的；

❸ 机动车驾驶证在实习期内，或者机动车驾驶证逾期未审验，或者机动车驾驶证被扣留、暂扣期间的；

❹ 机动车驾驶人名下有安全技术检验超过有效期或者未按规定办理注销登记的机动车的；

❺ 在最近三个记分周期内，机动车驾驶人参加接受交通安全教育扣减交通违法行为记分或者机动车驾驶人在进行满分教育、审验教育时，有弄虚作假、冒名顶替记录的。

（3）参加公安机关交通管理部门组织的道路交通安全法律、法规和相关知识网上学习，三日内累计满三十分钟且考试合格的，一次扣减1分。

参加公安机关交通管理部门组织的道路交通安全法律、法规和相关知识现场学习满一小时且考试合格的，一次扣减2分。

参加公安机关交通管理部门组织的交通安全公益活动的，满一小时为一次，一次扣减1分。

（4）交通违法行为情节轻微，给予警告处罚的，免于记分。

第五节 | 法律责任

（1）机动车驾驶人在一个记分周期内累积记分满12分，机动车驾驶证未被依法扣留或者收到满分教育通知书后三十日内拒不参加公安机关交通管理部门通知的满分学习、考试的，由公安机关交通管理部门公告其机动车驾驶证停止使用。

（2）机动车驾驶人请他人代为接受交通违法行为处罚和记分并支付经济利益的，由公安机关交通管理部门处所支付经济利益三倍以下罚款，但最高不超过五万元；同时，依法对原交通违法行为做出处罚。

代替实际机动车驾驶人接受交通违法行为处罚和记分牟取经济利益的，由公安机关交通管理部门处违法所得三倍以下罚款，但最高不超过五万元；同时，依法撤销原行政处罚决定。

组织他人实施以上行为之一牟取经济利益的，由公安机关交通管理部门处违法所得五倍以下罚款，但最高不超过十万元；有扰乱单位秩序等行为，构成违反治安管理规定的，依法予以治安管理处罚。

（3）机动车驾驶人参加满分教育时在签注学习记录、满分学习考试中弄虚作假的，相应学习记录、考试成绩无效，由公安机关交通管理部门处一千元以下罚款。

机动车驾驶人在参加接受交通安全教育扣减交通违法行为记分中弄虚作假的，由公安机关交通管理部门撤销相应记分扣减记录，恢复相应记分，处一千元以下罚款。

代替实际机动车驾驶人参加满分教育签注学习记录、满分学习考试或者接受交通安全教育扣减交通违法行为记分的，由公安机关交通管理部门处二千元以下罚款。

组织他人实施以上行为之一，有违法所得的，由公安机关交通管理部门处违法所得三倍以下罚款，但最高不超过二万元；没有违法所得的，由公安机关交通管理部门处二万元以下罚款。

（4）公安机关交通管理部门及其交通警察开展交通违法行为记分管理工作，应当接受监察机关、公安机关督察审计部门等依法实施的监督。

公安机关交通管理部门及其交通警察开展交通违法行为记分管理工作，应当自觉接受社会和公民的监督。

（5）交通警察有下列情形之一的，按照有关规定给予处分，警务辅助人员有下列情形之一的，予以解聘，构成犯罪的，依法追究刑事责任：

❶ 当事人对实施处罚和记分提出异议拒不核实，或者经核实属实但不纠正、整改的；

❷ 为未经满分学习考试、考试不合格人员签注学习记录、合格考试成绩的；

❸ 在满分考试时，减少考试项目、降低评判标准或者参与、协助、纵容考试舞弊的；

❹ 为不符合记分扣减条件的机动车驾驶人扣减记分的；

❺ 串通他人代替实际机动车驾驶人接受交通违法行为处罚和记分的；

❻ 弄虚作假，将记分分值高的交通违法行为变更为记分分值低或者不记分的交通违法行为的；

❼ 故意泄露、篡改系统记分数据的；

❽ 根据交通技术监控设备记录资料处理交通违法行为时，未严格审核当事人提供的证据材料，导致他人代替实际机动车驾驶人接受交通违法行为处罚和记分，情节严重的。

下篇
道路交通违法行为扣分与罚款相关项目解读

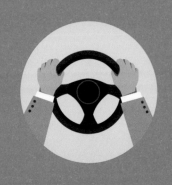

第五章
2022年4月1日前后道路交通违法行为扣分标准对比

1.扣分降低的条款

（1）驾驶与准驾车型不符的机动车的（由12分降为9分）。

（2）驾驶机动车不按规定避让校车的（由6分降为3分）。

（3）驾驶机动车违反禁令标志、禁止标线指示的（由3分降为1分）。

2.扣分提高的条款

（1）驾驶机动车遇前方机动车停车排队或者缓慢行驶时，借道超车或者占用对面车道、穿插等候车辆的（由2分升为3分）。

（2）驾驶机动车有拨打、接听手持电话等妨碍安全驾驶的行为的（由2分升为3分）

3.发生变化的条款

（1）旧标准：造成交通事故后逃逸，尚不构成犯罪的（12分）。

新标准：分成了两种情况，造成致人轻伤以上或者死亡的交通事故后逃逸，尚不构成犯罪的（12分）；造成致人轻微伤或者财产损失的交通事故后逃逸，尚不构成犯罪的（6分）。

（2）旧标准：上道路行驶的机动车未悬挂机动车号牌的，或者故意遮挡、污损、不按规定安装机动车号牌的（12分）。

新标准：分成了两种情况，驾驶未悬挂机动车号牌或者故意遮挡、污损机动车号牌的机动车上道路行驶的（9分）；驾驶不按规定安装机动车号牌的机动车上道路行驶的（3分）。

（3）旧标准：上道路行驶的机动车未按规定定期进行安全技术检验的（3分）。

新标准：分成了两种情况，驾驶未按规定定期进行安全技术检验的公路客运汽车、旅游客运汽车、危险物品运输车辆上道路行驶的（3分）；驾驶未按规定定期进行安全技术检验的公路客运汽车、旅游客运汽车、危险物品运输车辆以外的机动车上道路行驶的（1分）。

（4）旧标准：驾驶机动车在高速公路上倒车、逆行、穿越中央分隔带掉头的（12分）。

新标准：驾驶机动车在高速公路、城市快速路上倒车、逆行、穿越中央分隔带掉头的（12分）。

（5）旧标准：驾驶中型以上载客载货汽车、校车、危险物品运输车辆在高速公路、城市快速路上行驶超过规定时速20%以上或者在高速公路、城市快速路以外的道路上行驶超过规定时速50%以上，以及驾驶其他机动车行驶超过规定时速50%以上的（12分）。

新标准：驾驶校车、中型以上载客载货汽车、危险物品运输车辆在高速公路、城市快速路上行驶超过规定时速20%以上，或者驾驶其他机动车在高速公路、城市快速路上行驶超过规定时速50%以上的（12分）。

（6）旧标准：驾驶营运客车（不包括公共汽车）、校车载人超过核定人数未达20%的，或者驾驶其他载客汽车载人超过核定人数20%以上的（6分）。

新标准：驾驶校车、公路客运汽车、旅游客运汽车载人超过核定人数未达到20%，或者驾驶7座以上载客汽车载人超过核定人数20%以上未达到50%的，或者驾驶其他载客汽车载人超过核定人数50%以上未达到100%的（6分）。

（7）旧标准：驾驶营运客车（不包括公共汽车）、校车以外的载客汽车载人超过核定人数未达20%的（3分）。

新标准：驾驶校车、公路客运汽车、旅游客运汽车、7座以上载客汽车以外的其他载客汽车载人超过核定人数20%以上未达到50%的（3分）。

（8）旧标准：驾驶机动车不按规定超车、让行的，或者逆向行驶的（3分）。

新标准：驾驶机动车不按规定超车、让行，或者在高速公路、城市快速路以外的道路上逆行的（3分）。

（9）旧标准：驾驶二轮摩托车，不戴安全头盔的（2分）。

新标准：驾驶摩托车，不戴安全头盔的（1分）。

（10）旧标准：驾驶机动车在高速公路或者城市快速路上行驶时，驾驶人未按规定系安全带的（2分）。

新标准：驾驶机动车在道路上行驶时，机动车驾驶人未按规定系安全带的（1分）。

（11）旧标准：驾驶机动车不按规定会车的（1分）。

新标准：驾驶机动车不按规定会车，或者在高速公路、城市快速路以外的道路上不按规定倒车、掉头的（1分）。

4.新增的条款

（1）新标准：代替实际机动车驾驶人接受交通违法行为处罚和记分牟取经济利益的（12分）。

（2）新标准：驾驶机动车在高速公路或者城市快速路上违法停车的（9分）。

5.去除的条款

（1）旧标准：低能见度气象条件下，驾驶机动车在高速公路上不按规定行驶的。

（2）旧标准：以隐瞒、欺骗手段补领机动车驾驶证的。

（3）旧标准：驾驶禁止驶入高速公路的机动车驶入高速公路的。

（4）旧标准：驾驶机动车行经交叉路口不按规定行车或者停车的。

（5）旧标准：上道路行驶的机动车未放置检验合格标志、保险标志，未随车携带行驶证、机动车驾驶证的。

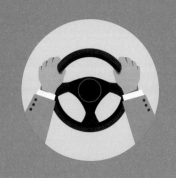

第六章
一次记12分的道路
交通安全违法行为

（1）饮酒后驾驶机动车的。

❶ 车辆驾驶人员血液中的酒精含量大于或者等于20毫克/100毫升，小于80毫克/100毫升的，属于饮酒驾驶机动车辆，罚款1000～2000元，记12分，并暂扣驾照6个月；再次饮酒后驾驶机动车的，处10日以下拘留，并处1000元以上2000元以下罚款，吊销机动车驾驶证。饮酒驾驶营运机动车，罚款5000元，记12分，处以15日以下拘留，并且5年内不得重新获得机动车驾驶证。

❷ 车辆驾驶人员血液中的酒精含量大于或者等于80毫克/100毫升的，属于醉酒驾驶机动车，由公安机关交通管理部门约束至酒醒，吊销机动车驾驶证，依法追究刑事责任；5年内不得重新取得机动车驾驶证。醉酒驾驶营运机动车的，由公安机关交通管理部门约束至酒醒，吊销机动车驾驶证，依法追究刑事责任；10年内不得重新取得机动车驾驶证，重新取得机动车驾驶证后，不得驾驶营运机动车。醉酒驾驶机动车构成危险驾驶罪，根据刑法规定，处拘役并处罚金。

（2）造成致人轻伤以上或者死亡的交通事故后逃逸，尚不构成犯罪的。

罚款200元以上2000元以下。

（3）使用伪造、变造的机动车号牌、行驶证、驾驶证、校车标牌或者使用其他机动车号牌、行驶证的。

伪造、变造或者使用伪造、变造的机动车登记证书、号牌、行驶证、驾驶证的，由公安机关交通管理部门予以收缴，扣留该机动车，处15日以下拘留，并处2000元以上5000元以下罚款；构成犯罪的，依法追究刑事责任。

（4）驾驶校车、公路客运汽车、旅游客运汽车载人超过核定人数20%以上，或者驾驶其他载客汽车载人超过核定人数100%以上的。

> 超员比例（%）计算方法：
>
> 超员比例（%）＝（实载人数－核载人数）÷核载人数×100%
>
> 例如，5座客车，规定只能乘坐5人，如果坐了6人，则超员比例（%）为：（6-5）÷5×100%＝20%。
>
> 超过额定乘员20%或者违反规定载货的，处500元以上2000元以下罚款。

（5）驾驶校车、中型以上载客载货汽车、危险物品运输车辆在高速公路、城市快速路上行驶超过规定时速20%以上，或者驾驶其他机动车在高速公路、城市快速路上行驶超过规定时速50%以上的。

扣12分，罚款200元。

> 超速比例（%）计算方法：
>
> 超速比例（%）＝（实际时速－规定时速）÷规定时速×100%
>
> 例如，普通道路限速80公里/小时，实际行驶速度为90公里/小时，则超速比例（%）为（90-80）÷80×100%＝12.5%，要扣1分。
>
> 如果机动车的行驶速度超过了法律、法规规定的速度，是会受到相应处罚的。根据规定，驾驶车辆时速超过规定时速10%以内的，给予驾驶人员警告提醒，不需要罚款和扣分。超过规定时速20%未达到50%的，处以罚款200元，扣6分；超过规定时速50%及以上的，处以罚款500～2000元，扣12分。

（6）驾驶机动车在高速公路、城市快速路上倒车、逆行、穿越中央分隔带掉头的（图6-1）。

（a）

（b）

在高速公路、城市快速路上穿越中央分隔带掉头，扣12分，罚款200元

扫一扫

看动画视频

（c）

图 6-1　一次记 12 分的道路交通安全违法行为

（7）代替实际机动车驾驶人接受交通违法行为处罚和记分牟取经济利益的。

由公安机关交通管理部门处违法所得3倍以下罚款，但最高不超过5万元；同时，依法撤销原行政处罚决定。

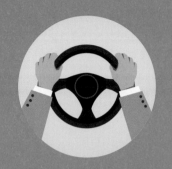

第七章
一次记9分的道路
交通安全违法行为

（1）驾驶7座以上载客汽车载人超过核定人数50%以上未达到100%的。

　　超员比例（%）计算方法：

　　超员比例（%）＝（实载人数－核载人数）÷核载人数×100%

　　例如，5座客车，规定只能乘坐5人，如果坐了6人，则超员比例（%）为：（6–5）÷5×100%＝20%。

（2）驾驶校车、中型以上载客载货汽车、危险物品运输车辆在高速公路、城市快速路以外的道路上行驶超过规定时速50%以上的。

　　超速比例（%）计算方法：

　　超速比例（%）＝（实际时速－规定时速）÷规定时速×100%

　　例如，普通道路限速80公里/小时，实际行驶速度为90公里/小时，则超速比例（%）为（90–80）÷80×100%＝12.5%，要扣1分。

　　如果机动车的行驶速度超过了法律、法规规定的速度，是会受到相应的处罚的。根据规定，驾驶车辆时速超过规定时速10%以内的，给予驾驶人员警告提醒，不需要罚款和扣分。超过规定时速20%未达到50%的，处以罚款200元，扣6分；超过规定时速50%及以上的，处以罚款500～2000元，扣12分。

（3）驾驶机动车在高速公路或者城市快速路上违法停车的（图7-1）。

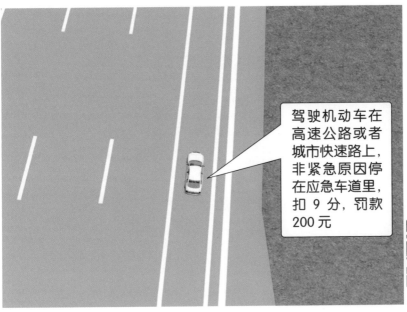

驾驶机动车在高速公路或者城市快速路上,非紧急原因停在应急车道里,扣 9 分,罚款 200 元

看动画视频

（a）

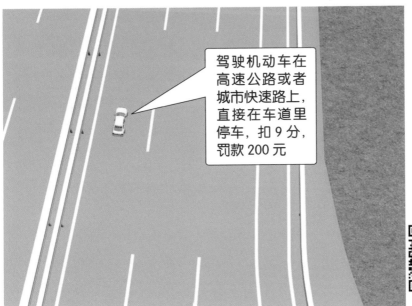

驾驶机动车在高速公路或者城市快速路上,直接在车道里停车,扣 9 分,罚款 200 元

看动画视频

（b）

图 7-1

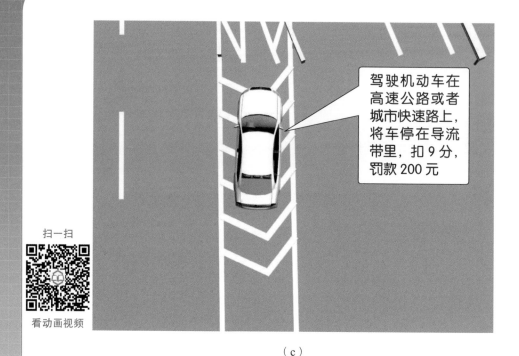

驾驶机动车在高速公路或者城市快速路上，将车停在导流带里，扣9分，罚款200元

（c）

图 7-1　一次记 9 分的道路交通安全违法行为

在高速路上非法停车也是非常严重的违法行为，例如，应急道停车。对非营运车辆，扣6分，罚款200元；对于营运车辆要求则极为苛刻，一旦发现在高速路上非法停车，扣12分，罚款200元。

（4）驾驶未悬挂机动车号牌或者故意遮挡、污损机动车号牌的机动车上道路行驶的。

（5）驾驶与准驾车型不符的机动车的。

（6）未取得校车驾驶资格驾驶校车的。

（7）连续驾驶中型以上载客汽车、危险物品运输车辆超过4小时未停车休息或者停车休息时间少于20分钟的。

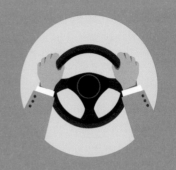

第八章
一次记6分的道路
交通安全违法行为

（1）驾驶校车、公路客运汽车、旅游客运汽车载人超过核定人数未达到20%，或者驾驶7座以上载客汽车载人超过核定人数20%以上未达到50%，或者驾驶其他载客汽车载人超过核定人数50%以上未达到100%的（图8-1）。

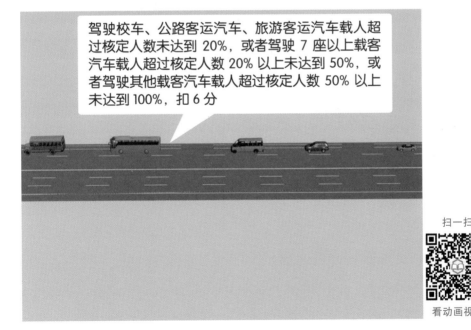

驾驶校车、公路客运汽车、旅游客运汽车载人超过核定人数未达到 20%，或者驾驶 7 座以上载客汽车载人超过核定人数 20% 以上未达到 50%，或者驾驶其他载客汽车载人超过核定人数 50% 以上未达到 100%，扣 6 分

扫一扫

看动画视频

图8-1　一次记6分的道路交通安全违法行为（一）

超员比例（%）计算方法：

超员比例（%）＝（实载人数－核载人数）÷核载人数×100%

例如，5座客车，规定只能乘坐5人，如果坐了6人，则超员比例为：（6–5）÷5×100%＝20%。

（2）驾驶校车、中型以上载客载货汽车、危险物品运输车辆在高速公路、城市快速路上行驶超过规定时速未达到20%，或者在高速公路、城市快速路以外的道路上行驶超过规定时速20%以上未达到50%的（图8-2）。

扫一扫

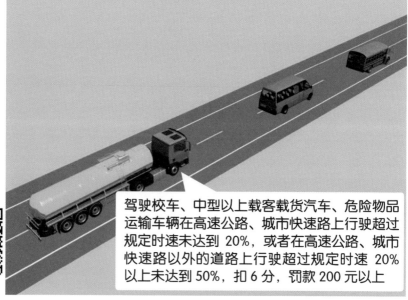

看动画视频

驾驶校车、中型以上载客载货汽车、危险物品运输车辆在高速公路、城市快速路上行驶超过规定时速 20%，或者在高速公路、城市快速路以外的道路上行驶超过规定时速 20%以上未达到 50%，扣 6 分，罚款 200 元以上

图 8-2　一次记 6 分的道路交通安全违法行为（二）

超速比例（%）计算方法：

超速比例（%）＝（实际时速－规定时速）÷规定时速×100%

例如，普通道路限速80公里/小时，实际行驶速度为90公里/小时，则超速比例（%）为（90–80）÷80×100%＝12.5%，要扣1分。

如果机动车的行驶速度超过了法律、法规规定的速度，是会受到相应的处罚的。根据规定，驾驶车辆时速超过规定时速10%以内的，给予驾驶人员警告提醒，不需要罚款扣分。超过规定时速20%未达到50%的，处以罚款200元，扣6分；超过规定时速50%及以上的，处以罚款500～2000元，扣12分。

（3）驾驶校车、中型以上载客载货汽车、危险物品运输车辆以外的机动车在高速公路、城市快速路上行驶超过规定时速20%以上未达到50%，或者在高速公路、城市快速路以外的道路上行驶超过规定时速50%以上的（图8-3）。

驾驶校车、中型以上载客载货汽车、危险物品运输车辆以外的机动车在高速公路、城市快速路上行驶超过规定时速 20% 以上未达到 50%，或者在高速公路、城市快速路以外的道路上行驶超过规定时速 50% 以上，扣 6 分，罚款 200 元以上

扫一扫

看动画视频

图 8-3　一次记 6 分的道路交通安全违法行为（三）

超速比例（%）计算方法：

超速比例（%）＝（实际时速−规定时速）÷规定时速×100%

例如，普通道路限速80公里/小时，实际行驶速度为90公里/小时，则超速比例（%）为（90−80）÷80×100%＝12.5%，要扣1分。

如果机动车的行驶速度超过了法律、法规规定的速度，是会受到相应的处罚的。根据规定，驾驶车辆时速超过规定时速10%以内的，给予驾驶人员警告提醒，不需要罚款和扣分；超过规定时速20%未达到50%的，处以罚款200元，扣6分；超过规定时速50%及以上的，处以罚款500～2000元，扣12分。

（4）驾驶载货汽车载物超过最大允许总质量50%以上的（图8-4）。

载货汽车载物超过最大允许总质量50%以上，扣6分

图8-4　一次记6分的道路交通安全违法行为（四）

❶ 超载比例（%）计算方法：

超载比例（%）＝（实际载重－行驶证上的核定载质量）÷行驶证上的核定载质量×100%

例如，行驶证上的核定载质量10吨，实际载重12吨，则（12－10）÷10×100%＝20%。

❷ 实际载质量计算方法：

实际载质量＝车含货过磅质量－行驶证上的整车总质量

如果货运机动车的实际载质量超过了核定载质量，会被处200元以上500元以下罚款。

当货车实际载质量超过核定载质量30%或者出现载客情况的，会被处以500元以上2000元以下罚款。

（5）驾驶机动车载运爆炸物品、易燃易爆化学物品以及剧毒、放射性等危险物品，未按指定的时间、路线、速度行驶或者未悬挂警示标志并采取必要的安全措施的。

罚款200元。

（6）驾驶机动车运载超限的不可解体的物品，未按指定的时间、路线、速度行驶或者未悬挂警示标志的。

罚款200元。

（7）驾驶机动车运输危险化学品，未经批准进入危险化学品运输车辆限制通行的区域的。

罚款200元。

（8）驾驶机动车不按交通信号灯指示通行的（图8-5）。

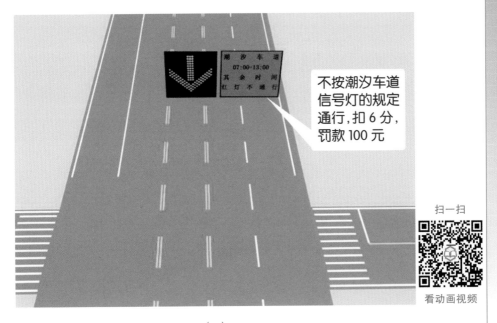

（a）

图8-5

扫一扫

看动画视频

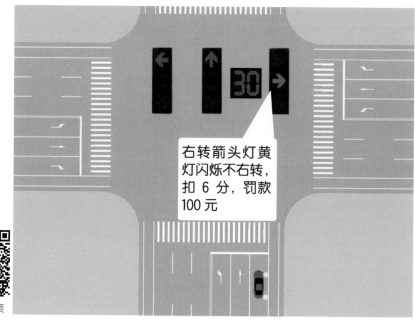

右转箭头灯黄灯闪烁不右转，扣6分，罚款100元

（b）

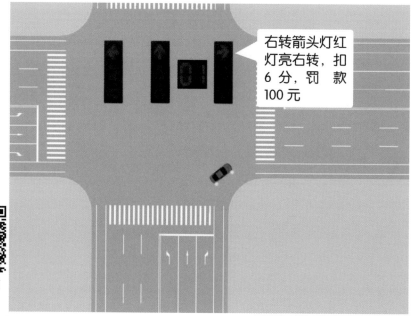

右转箭头灯红灯亮右转，扣6分，罚款100元

（c）

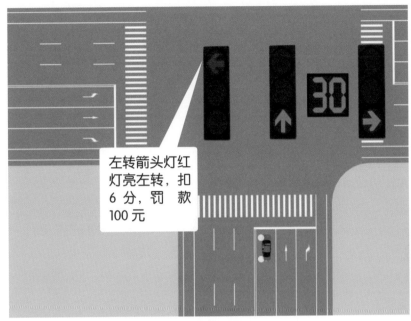

左转箭头灯红灯亮左转，扣6分，罚款100元

（d）

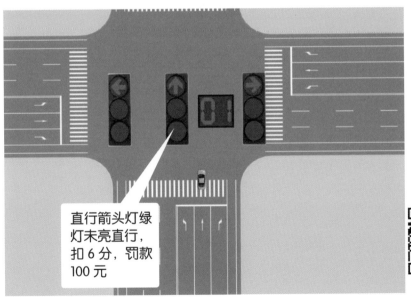

直行箭头灯绿灯未亮直行，扣6分，罚款100元

（e）

图 8-5　一次记 6 分的道路交通安全违法行为（五）

（9）机动车驾驶证被暂扣或者扣留期间驾驶机动车的。

罚款200元。

（10）造成致人轻微伤或者财产损失的交通事故后逃逸，尚不构成犯罪的。

罚款200元以上2000元以下。

（11）驾驶机动车在高速公路或者城市快速路上违法占用应急车道行驶的（图8-6）。

扫一扫

看动画视频

图8-6　一次记6分的道路交通安全违法行为（六）

第九章
一次记3分的道路
交通安全违法行为

（1）驾驶校车、公路客运汽车、旅游客运汽车、7座以上载客汽车以外的其他载客汽车载人超过核定人数20%以上未达到50%的（图9-1）。

驾驶校车、公路客运汽车、旅游客运汽车、7座以上载客汽车以外的其他载客汽车载人超过核定人数20%以上未达到50%，扣3分

扫一扫

看动画视频

图9-1　一次记3分的道路交通安全违法行为（一）

超员比例（%）计算方法：

超员比例（%）＝（实载人数－核载人数）÷核载人数×100%

例如，5座客车，规定只能乘坐5人，如果坐了6人，则超员比

例（%）为：（6-5）÷5×100%＝20%。

超过额定乘员20%或者违反规定载货的，处500元以上2000元以下罚款。

（2）驾驶校车、中型以上载客载货汽车、危险物品运输车辆以外的机动车在高速公路、城市快速路以外的道路上行驶超过规定时速20%以上未达到50%的（图9-2）。

驾驶校车、中型以上载客载货汽车、危险物品运输车辆以外的机动车在高速公路、城市快速路以外的道路上行驶超过规定时速20%以上未达到50%，扣3分

图9-2 一次记3分的道路交通安全违法行为（二）

扫一扫

看动画视频

超速比例（%）计算方法：

超速比例（%）＝（实际时速-规定时速）÷规定时速×100%

例如，普通道路限速80公里/小时，实际行驶速度为90公里/小时，则超速比例（%）为（90-80）÷80×100%＝12.5%，要扣1分。

如果机动车的行驶速度超过了法律、法规规定的速度，是会受到相应的处罚的。根据规定，驾驶车辆时速超过规定时速10%以内的，给予驾驶人员警告提醒，不需要罚款和扣分；超过规定时速20%未达到50%的，处以罚款200元，扣6分；超过规定时速50%及以上的，处以罚款500～2000元，扣12分。

扫一扫
看动画视频

（3）驾驶机动车在高速公路或者城市快速路上不按规定车道行驶的（图9-3）。

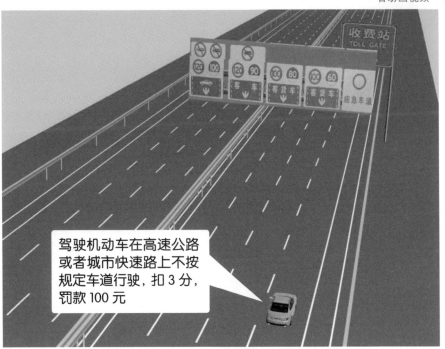

图9-3 一次记3分的道路交通安全违法行为（三）

（4）驾驶机动车不按规定超车、让行，或者在高速公路、城市快速路以外的道路上逆行的（图9-4）。

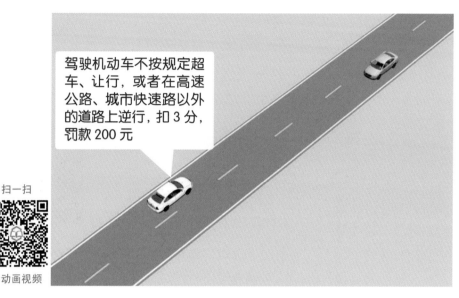

图 9-4　一次记 3 分的道路交通安全违法行为（四）

在普通道路上逆行也要扣3分并罚款200元。

（5）驾驶机动车遇前方机动车停车排队或者缓慢行驶时，借道超车或者占用对面车道、穿插等候车辆的（图9-5）。

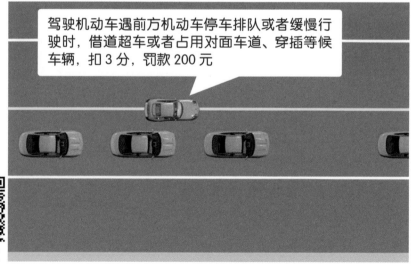

图 9-5　一次记 3 分的道路交通安全违法行为（五）

（6）驾驶机动车有拨打、接听手持电话等妨碍安全驾驶的行为的。罚款50元。

（7）驾驶机动车行经人行横道不按规定减速、停车、避让行人的（图9-6）。

驾驶机动车行经人行横道不按规定减速、停车、避让行人，扣3分，罚款50元

扫一扫

看动画视频

（a）

避让行人的正确方法：行人向本车的右边走，未过道路中线，慢行通过

扫一扫

看动画视频

图9-6

行人走过本车所在的车道之后，慢行通过，同时要注意防止行人突然折返

（b）

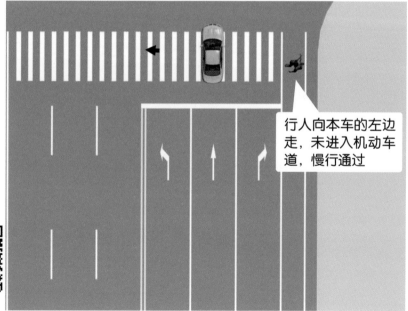

行人向本车的左边走，未进入机动车道，慢行通过

扫一扫

看动画视频

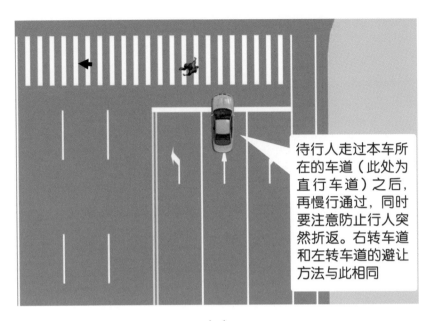

待行人走过本车所在的车道（此处为直行车道）之后，再慢行通过，同时要注意防止行人突然折返。右转车道和左转车道的避让方法与此相同

（c）

图 9-6　一次记 3 分的道路交通安全违法行为（六）

（8）驾驶机动车不按规定避让校车的（图9-7）。

驾驶机动车不按规定避让校车，扣 3 分，罚款 200 元

扫一扫

看动画视频

图 9-7　一次记 3 分的道路交通安全违法行为（七）

（9）驾驶载货汽车载物超过最大允许总质量30%以上未达到50%的，或者违反规定载客的（图9-8）。

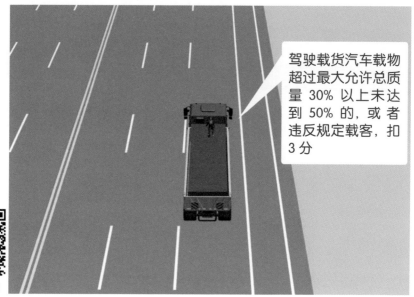

驾驶载货汽车载物超过最大允许总质量 30% 以上未达到 50% 的，或者违反规定载客，扣 3 分

扫一扫

看动画视频

图9-8　一次记3分的道路交通安全违法行为（八）

当货车实际载重超过核定载质量30%或者出现载客情况的，会被处以500元以上2000元以下罚款。

（10）驾驶不按规定安装机动车号牌的机动车上道路行驶的。

（11）在道路上车辆发生故障、事故停车后，不按规定使用灯光或者设置警告标志的（图9-9）。

（12）驾驶未按规定定期进行安全技术检验的公路客运汽车、旅游客运汽车、危险物品运输车辆上道路行驶的。

（13）驾驶校车上道路行驶前，未对校车车况是否符合安全技术要求进行检查，或者驾驶存在安全隐患的校车上道路行驶的。

要检查轮胎气压，轮胎是否有裂纹、花纹间是否有异物、刺伤等，检查转向灯等各灯光工作是否正常，检查刹车、转向盘等，要定期检查转向助力液、刹车油等。

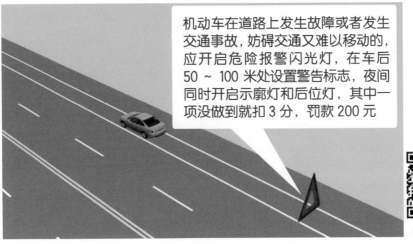

扫一扫

看动画视频

图 9-9　一次记 3 分的道路交通安全违法行为（九）

（14）连续驾驶载货汽车超过 4 小时未停车休息或者停车休息时间少于 20 分钟的。

（15）驾驶机动车在高速公路上行驶低于规定最低时速的（图 9-10）。

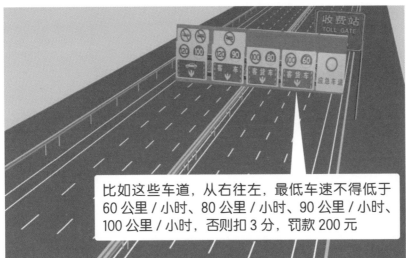

扫一扫

看动画视频

图 9-10　一次记 3 分的道路交通安全违法行为（十）

图 9-10 中对应的各车道最高车速不得超过 100 公里/小时、100 公里/小时、120 公里/小时、120 公里/小时。

第十章
一次记1分的道路
交通安全违法行为

（1）驾驶校车、中型以上载客载货汽车、危险物品运输车辆在高速公路、城市快速路以外的道路上行驶超过规定时速10%以上未达到20%的（图10-1）。

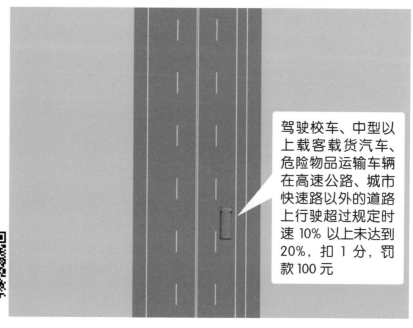

扫一扫

看动画视频

> 驾驶校车、中型以上载客载货汽车、危险物品运输车辆在高速公路、城市快速路以外的道路上行驶超过规定时速10%以上未达到20%，扣1分，罚款100元

图 10-1　一次记 1 分的道路交通安全违法行为（一）

超速比例（%）计算方法：

超速比例（%）＝（实际时速－规定时速）÷规定时速×100%

例如，普通道路限速80公里/小时，实际行驶速度为90公里/小时，则超速比例（%）为（90－80）÷80×100%＝12.5%，要扣1分。

根据规定，驾驶车辆时速超过规定时速10%以内的，给予驾驶人员警告提醒，不需要罚款和扣分；超过规定时速20%未达到50%的，处以罚款200元，扣6分；超过规定时速50%及以上的，处以罚款500 ~ 2000元，扣12分。

（2）驾驶机动车不按规定会车，或者在高速公路、城市快速路以外的道路上不按规定倒车、掉头的（图10-2）。

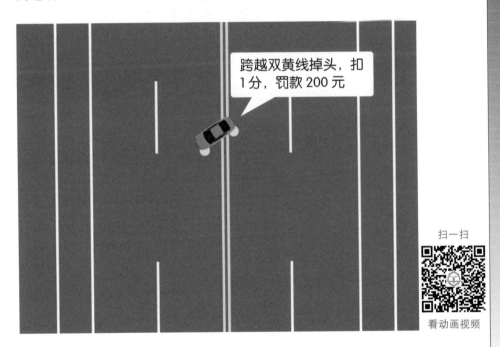

扫一扫

看动画视频

（a）

图 10-2

（b）

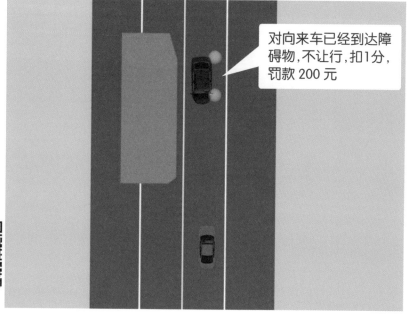

（c）

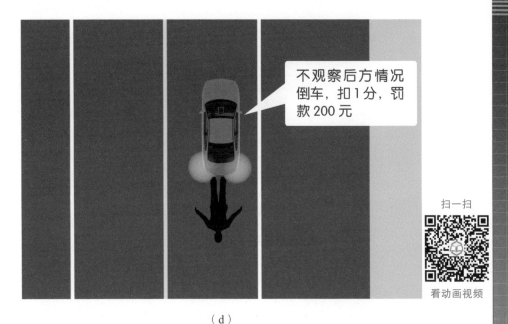

（d）

图 10 2　　次记 1 分的道路交通安全违法行为（二）

（3）驾驶机动车不按规定使用灯光的（图10-3）。

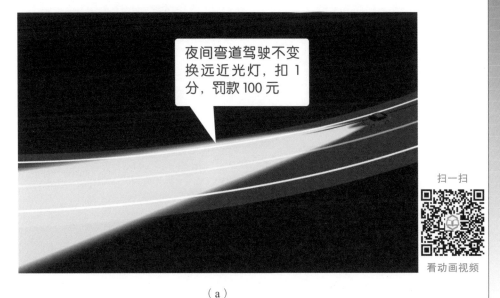

（a）

图 10-3

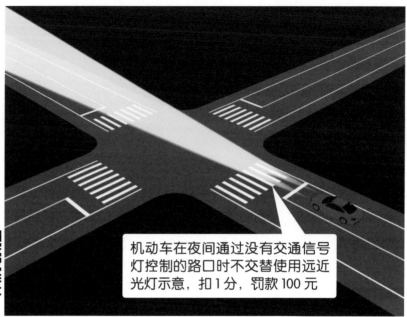

机动车在夜间通过没有交通信号灯控制的路口时不交替使用远近光灯示意，扣1分，罚款100元

（b）

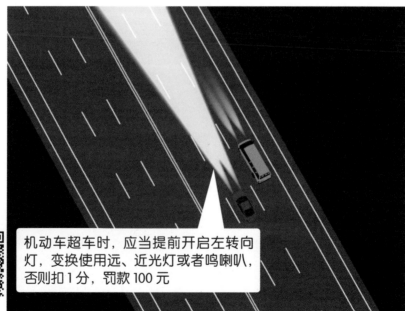

机动车超车时，应当提前开启左转向灯，变换使用远、近光灯或者鸣喇叭，否则扣1分，罚款100元

（c）

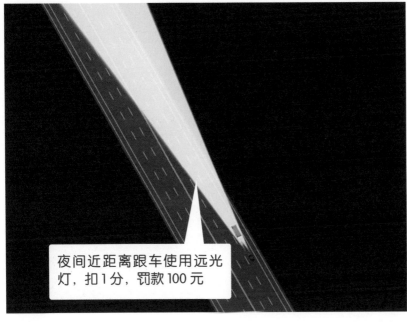

夜间近距离跟车使用远光灯，扣1分，罚款100元

（d）

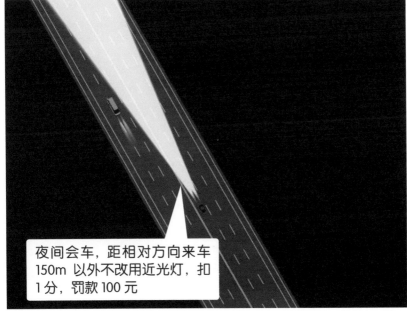

夜间会车，距相对方向来车150m以外不改用近光灯，扣1分，罚款100元

（e）

图 10-3

（f）

（g）

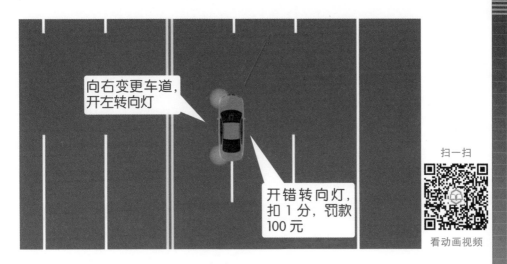

扫一扫

看动画视频

（h）

图 10-3 一次记 1 分的道路交通安全违法行为（三）

（4）驾驶机动车违反停车规定的（图 10-4）。

❶ 在设有禁停标志的地方停车，扣1分，罚款100元；

❷ 在没有禁停标志的路边停车，罚款50元，不扣分。

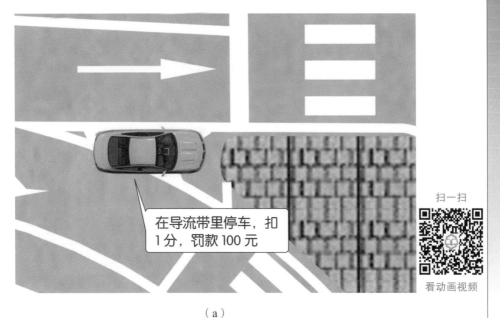

扫一扫

看动画视频

（a）

图 10-4

129

在禁止停车标线路段停车,扣1分,罚款100元

扫一扫

看动画视频

（b）

在禁止长时间停车标线路段内长时间停车,扣1分,罚款100元

扫一扫

看动画视频

（c）

（d）

（e）

图 10-4　一次记 1 分的道路交通安全违法行为（四）

（5）驾驶机动车违反禁令标志、禁止标线指示的（图10-5）。

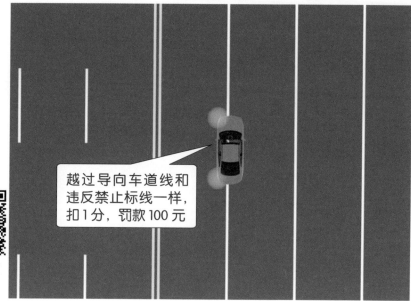

越过导向车道线和违反禁止标线一样，扣1分，罚款100元

（a）

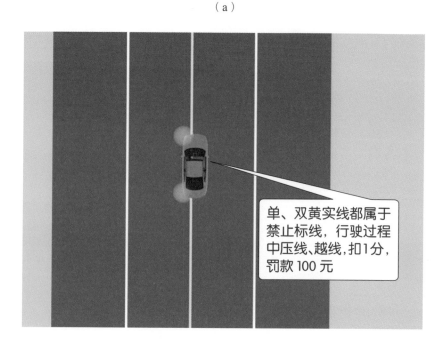

单、双黄实线都属于禁止标线，行驶过程中压线、越线，扣1分，罚款100元

单、双黄实线都属于
禁止标线，行驶过程
中压线、越线，扣1分，
罚款100元

扫一扫

看动画视频

（b）

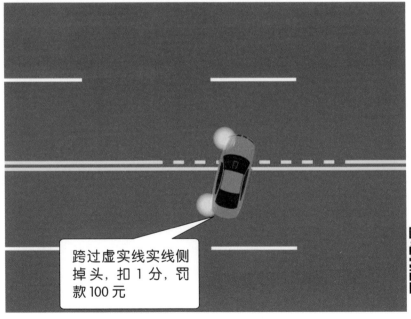

跨过虚实线实线侧
掉头，扣1分，罚
款100元

扫一扫

看动画视频

（c）

图 10-5

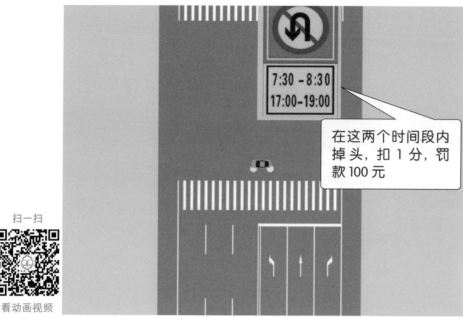

在这两个时间段内掉头，扣 1 分，罚款 100 元

（d）

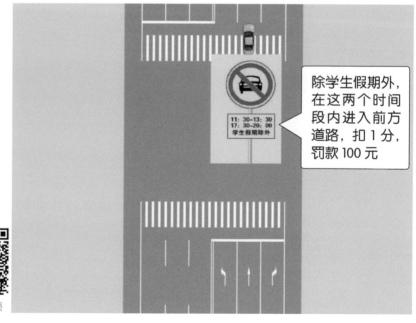

除学生假期外，在这两个时间段内进入前方道路，扣 1 分，罚款 100 元

（e）

在这个时间段内拖拉机和机动三轮车进入前方路段，扣1分，罚款100元

（f）

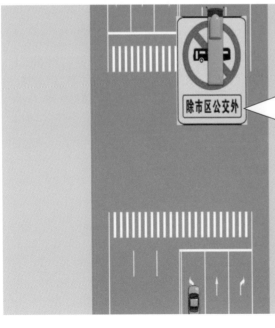

市区公交车以外的大型客车驶入前方路段，扣1分，罚款100元

（g）

图 10-5

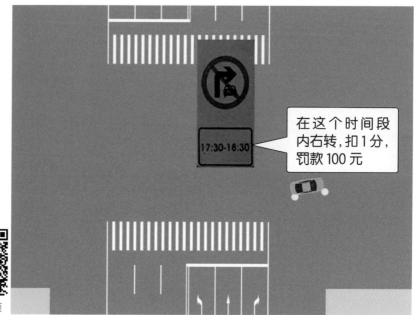

（h）

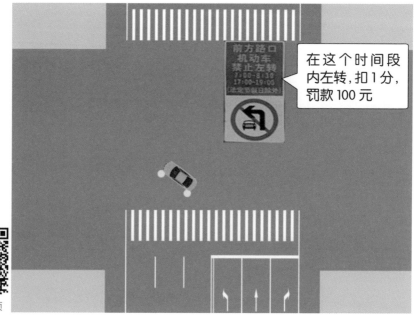

（i）

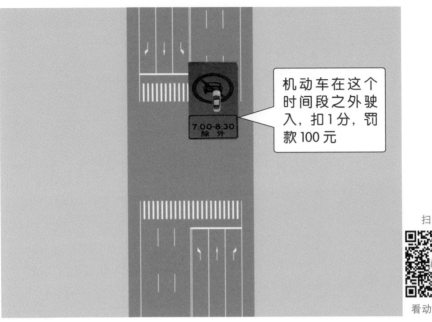

（j）

（k）

图 10-5

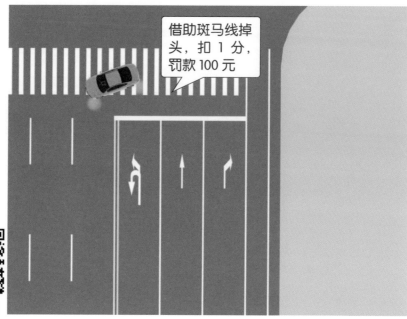

借助斑马线掉头，扣 1 分，罚款 100 元

（1）

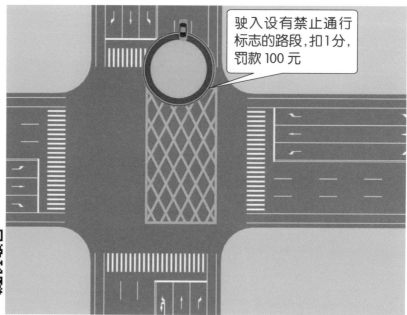

驶入设有禁止通行标志的路段，扣1分，罚款 100 元

（m）

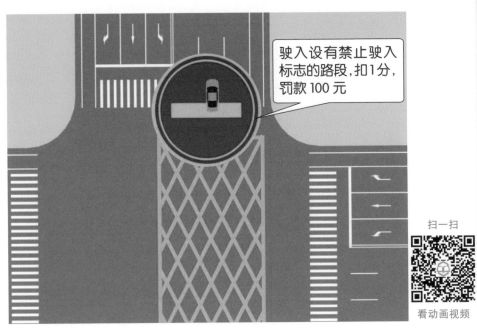

（n）

看动画视频

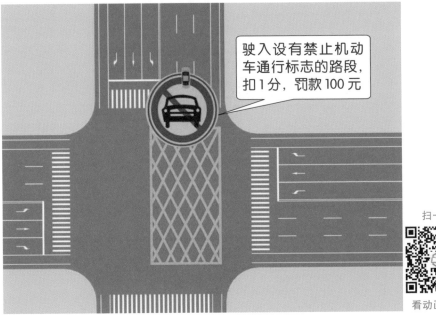

（o）

图 10-5

在禁止长时间停车标志路段处，熄火，下车，离开车辆，扣1分，罚款100元

扫一扫

看动画视频

（p）

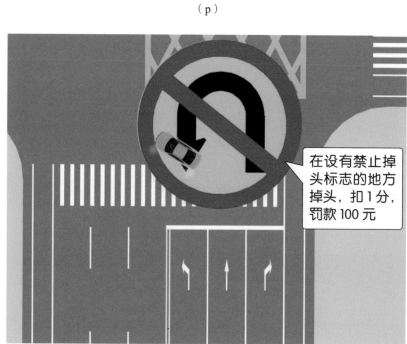

在设有禁止掉头标志的地方掉头，扣1分，罚款100元

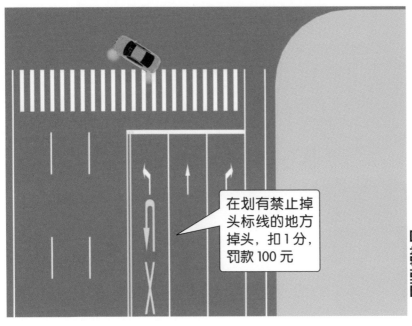

在划有禁止掉头标线的地方掉头，扣1分，罚款100元

（q）

在设有禁止超车标志的路段超车，扣1分，罚款100元

（r）

图 10-5

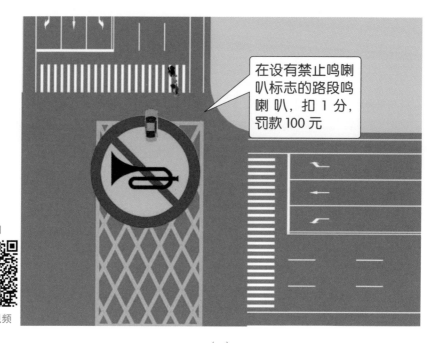

（s）

图 10-5　一次记 1 分的道路交通安全违法行为（五）

❶ 禁止通行标志和禁止驶入标志的区别：

禁止通行标志指的是车辆或者是行人、非机动车等都不能再向前行驶，禁止驶入标志指的是禁止各类机动车驶入前方路段，行人、非机动车等可以进入。

❷ 禁止长时间停车标志和禁止临时长时间停车标志的区别：

禁止长时间停车，允许临时停车。乘客上下车、拿取行李物品，同时，驾驶员没有离开车辆，车辆未熄火，就算是临时停车。临时停车驾驶人一般不得离开车辆，即停即走。禁止临时长时间停车标志就是禁止停车标志，就是不能停的意思。

❸ 禁止标线：

禁止标线就是地上的黄实线（路中间的单黄线或者双黄线禁止越过）和黄色大叉（代表禁止停车），压上去就是违反禁止标线的违法行为。

❹ 违反禁止标线的违法行为：

a.单、双黄实线都属于禁止标线，行驶过程中压线、越线都属于违法行驶；

b.在交叉路口不按相应的导向车道线行驶，按违反禁止标线处罚；

c.违反临时或长时间停车标线的规定停车，按违反禁止标线处罚；

d.在划有禁止调头标线的路段掉头，禁止左转弯的，都属于违反禁止标线指示。

（6）驾驶机动车载货长度、宽度、高度超过规定的（图10-6）。

驾驶机动车载货长度、宽度、高度超过规定，扣1分，罚款100元

图 10-6　一次记 1 分的道路交通安全违法行为（六）

（7）驾驶载货汽车载物超过最大允许总质量未达到30%的（图10-7）。

❶ 超载比例（％）计算方法：

超载比例（％）＝（实际载重－行驶证上的核定载质量）÷行驶证上的核定载质量×100%

例如，行驶证上的核定载质量10吨，实际载重12吨，则（12－10）÷10×100%＝20%。

扫一扫

看动画视频

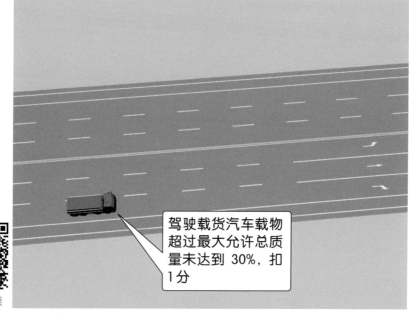

图 10-7　一次记 1 分的道路交通安全违法行为（七）

❷ 实际载重计算方法：

实际载重＝车含货过磅质量－行驶证上的整车总质量

如果货运机动车的实际载重超过了核定载质量的，超载未达到 30%的，扣 1 分，罚款200元以上500元以下。

（8）驾驶未按规定定期进行安全技术检验的公路客运汽车、旅游客运汽车、危险物品运输车辆以外的机动车上道路行驶的。

（9）驾驶擅自改变已登记的结构、构造或者特征的载货汽车上道路行驶的。

（10）驾驶机动车在道路上行驶时，机动车驾驶人未按规定系安全带的。

（11）驾驶摩托车，不戴安全头盔的。

第十一章
道路交通安全法规中关于罚款的相关法律条款及说明

（1）机动车驾驶人违反道路交通安全法律、法规关于道路通行规定的，处警告或者二十元以上二百元以下罚款。本法另有规定的，依照规定处罚。

（2）饮酒后驾驶机动车的，处暂扣六个月机动车驾驶证，并处一千元以上二千元以下罚款。因饮酒后驾驶机动车被处罚，再次饮酒后驾驶机动车的，处十日以下拘留，并处一千元以上二千元以下罚款，吊销机动车驾驶证。

醉酒驾驶机动车的，由公安机关交通管理部门约束至酒醒，吊销机动车驾驶证，依法追究刑事责任；五年内不得重新取得机动车驾驶证。

饮酒后驾驶营运机动车的，处十五日拘留，并处五千元罚款，吊销机动车驾驶证，五年内不得重新取得机动车驾驶证。

（3）公路客运车辆载客超过额定乘员的，处二百元以上五百元以下罚款；超过额定乘员百分之二十或者违反规定载货的，处五百元以上二千元以下罚款。

货运机动车超过核定载质量的，处二百元以上五百元以下罚款；超过核定载质量百分之三十或者违反规定载客的，处五百元以上二千元以下罚款。

有以上行为的，由公安机关交通管理部门扣留机动车至违法状态消除。

运输单位的车辆有以上规定的情形，经处罚不改的，对直接负责的主管人员处<u>二千元以上五千元以下</u>罚款。

（4）对违反道路交通安全法律、法规关于机动车停放、临时停车规定的，可以指出违法行为，并予以口头警告，令其立即驶离。

机动车驾驶人不在现场或者虽在现场但拒绝立即驶离，妨碍其他车辆、行人通行的，<u>处二十元以上二百元以下</u>罚款，并可以将该机动车拖移至不妨碍交通的地点或者公安机关交通管理部门指定的地点停放。公安机关交通管理部门拖车不得向当事人收取费用，并应当及时告知当事人停放地点。

（5）上道路行驶的机动车未悬挂机动车号牌，未放置检验合格标志、保险标志，或者未随车携带行驶证、驾驶证的，公安机关交通管理部门应当扣留机动车，通知当事人提供相应的牌证、标志或者补办相应手续，并可以依照相关规定予以处罚。当事人提供相应的牌证、标志或者补办相应手续的，应当及时退还机动车。

故意遮挡、污损或者不按规定安装机动车号牌的，依照相关规定予以处罚。

（6）伪造、变造或者使用伪造、变造的机动车登记证书、号牌、行驶证、驾驶证的，由公安机关交通管理部门予以收缴，扣留该机动车，处<u>十五日以下</u>拘留，并处<u>二千元以上五千元以下</u>罚款；构成犯罪的，依法追究刑事责任。

伪造、变造或者使用伪造、变造的检验合格标志、保险标志的，由公安机关交通管理部门予以收缴，扣留该机动车，处<u>十日以下</u>拘留，并处<u>一千元以上三千元以下</u>罚款；构成犯罪的，依法追究刑事责任。

使用其他车辆的机动车登记证书、号牌、行驶证、检验合格标志、保险标志的，由公安机关交通管理部门予以收缴，扣留该机动车，处<u>二千元以上五千元以下</u>罚款。

当事人提供相应的合法证明或者补办相应手续的，应当及时退还机动车。

（7）非法安装警报器、标志灯具的，由公安机关交通管理部门强制拆除，予以收缴，并处<u>二百元以上二千元以下</u>罚款。

（8）有下列行为之一的，由公安机关交通管理部门处<u>二百元以上二千元</u>以下罚款：

❶ 未取得机动车驾驶证、机动车驾驶证被吊销或者机动车驾驶证被暂扣期间驾驶机动车的；

❷ 将机动车交由未取得机动车驾驶证或者机动车驾驶证被吊销、暂扣的人驾驶的；

❸ 造成交通事故后逃逸，尚不构成犯罪的；

❹ 机动车行驶超过规定时速<u>百分之五十</u>的；

❺ 强迫机动车驾驶人违反道路交通安全法律、法规和机动车安全驾驶要求驾驶机动车，造成交通事故，尚不构成犯罪的；

❻ 违反交通管制的规定强行通行，不听劝阻的；

❼ 故意损毁、移动、涂改交通设施，造成危害后果，尚不构成犯罪的；

❽ 非法拦截、扣留机动车辆，不听劝阻，造成交通严重阻塞或者较大财产损失的。

行为人有以上第❷项、第❹项情形之一的，可以并处吊销机动车驾驶证；有第❶项、第❸项、第❺项至第❽项情形之一的，可以并处<u>十五日以下</u>拘留。

（9）驾驶拼装的机动车或者已达到报废标准的机动车上道路行驶的，公安机关交通管理部门应当予以收缴，强制报废。

对驾驶前款所列机动车上道路行驶的驾驶人，处<u>二百元以上二千元以下</u>罚款，并吊销机动车驾驶证。

出售已达到报废标准的机动车的，没收违法所得，处销售金额等额的罚款，对该机动车予以收缴，强制报废。

（10）对道路交通违法行为人予以警告、处<u>二百元以下</u>罚款，交通警察可以当场做出行政处罚决定，并出具行政处罚决定书。

行政处罚决定书应当载明当事人的违法事实、行政处罚的依据、处罚内容、时间、地点以及处罚机关名称，并由执法人员签名或者盖章。

（11）当事人应当自收到罚款的行政处罚决定书之日起<u>十五日内</u>，到指定的银行缴纳罚款。

对行人、乘车人和非机动车驾驶人的罚款，当事人无异议的，可以当场予以收缴罚款。

（12）行人、乘车人、非机动车驾驶人、机动车驾驶人有权对公安机关交通管理部门及其交通警察的违法行为提出检举和控告；对做出的具体行政处罚不服的，有权依法提起行政复议或者行政诉讼；对交通事故损害赔偿的争议，可以请求公安机关交通管理部门调解，也可以直接向人民法院提起民事诉讼。